빅데이터 전문가 마스터플랜

빅데이터 전문가 마스터플랜

초판 1쇄 발행 2020년 11월 5일

지은이	theD마스터플랜연구소(윤영선)
발행인	조상현
마케팅	조정빈
편집인	김유진
디자인	김희진

펴낸곳	더디퍼런스
등록번호	제2018-000177호
주소	경기도 고양시 덕양구 큰골길 33-170
문의	02-712-7927
팩스	02-6974-1237
이메일	thedibooks@naver.com
홈페이지	www.thedifference.co.kr

ISBN   979-11-61252-75-9 03370

| 더스 | 더디 | 더디퍼런스 | 마이북 |

십대가 되고 싶은 직업 로드맵

빅데이터 전문가 마스터플랜

theD마스터플랜연구소 지음

더디퍼런스

빅데이터 전문가가 되고 싶은 청소년들에게

　우리는 지금 제4차 산업혁명 시대를 살아가고 있다. 제4차 산업혁명은 컴퓨터를 바탕으로 한 정보통신 기술과 최신 로봇 기술이 더해진 새로운 변화를 말한다. 이는 빅데이터, 인공지능, 로봇공학, 사물인터넷, 무인항공기와 무인자동차, 3D 프린터, 나노기술 등 7대 분야가 핵심이다. 그중에서 빅데이터란 말 그대로 거대한 양의 데이터를 말한다. 그 자체가 새로운 기술이기도 하고 다른 기술을 활용하는 방법이 되기도 한다.

　빅데이터 전문가는 제4차 산업혁명 시대에서 가장 대표적인 직업이다. 빅데이터 전문가가 하는 일은 거대한 데이터 정보를 수집하고 분석하는 일이다. 빅데이터가 주목받는 이유는 미세한 데이터를 분석하고 활용해 성공 확률을 높여 위험 부담을 줄일 수 있기 때문이다. 예를 들어, 온라인 쇼핑몰이 있다고 해보자. 여기에서 빅데이터 전문가의 역할은 무엇일까? 고객들의 연령대와 그들이 주로 찾는 키워드는 무엇이고, 사이트에 머무는 시간은 어느 정도이며 구매하는 가격대와 상품평가 중 판매에 영향을 미치는 것은 무엇인지 미리 분석해 결과물을 눈에 보이도록 한다. 또한 사람들의 반응을 실시간으로 파악하고 빠르게 대처하는 일을 한다.

고객이 상품을 구매한 기록으로 얻은 정보와 위치기반 서비스를 바탕으로 그들이 원하는 정보를 주는 것도 빅데이터 전문가의 일이다. 여기서 '위치기반 서비스'란 주로 GPS(위성항법장치)나 이동통신망을 이용하여 얻은 여러 가지 위치정보를 필요한 고객에게 제공하는 서비스이다.

IT 분야에서는 이런 전문용어를 많이 접하게 된다. 빅데이터 전문가가 되고 싶다면 미리부터 어려운 용어에 겁먹을 필요는 없다. 빅데이터의 사용 범위가 넓어 분류하고 체계를 갖추다 보니 지나치게 복잡해 보일 뿐이다. 그 활용 분야를 보면 위치 확인, 날씨 정보, 생활정보, 버스운행 안내 시스템, 해양안전 종합정보 시스템, 119의 이동전화 위치정보 시스템, 감염성 폐기물 실시간 관리 시스템, 광고 서비스 등 일상에서 사용하는 친숙한 말이 더 많다.

전문가들은 빅데이터를 땅속에 저장된 석유에 비유한다. 석유연료가 없으면 기계가 작동하지 않는 것처럼, 디지털 시대에 빅데이터는 그 가치가 월등히 높다. 석유를 가공해 휘발유, 경유, 등유 등 우리 생활과 산업에 전반적으로 사용하는 연료를 만들어내는 것처럼, 빅데이터를 분석하면 우리 일상과 다양한 분야에 활용할 수 있기 때문이다.

우리는 스마트폰을 몇 번 터치하는 것만으로 세계 어디든 실시간으로 소통할 수 있다. 이런 소통은 흔적이 남아 자동으로 저장된다. 사람들이 어느 분야에 관심이 있는지, 자주 찾는 정보는 무엇인지, 찾은 곳에 얼마나 머무는지 등의 데이터가 모여 통계를 이룬다. 이 데이터가 엄청난 양으로 모인 빅데이터는 개인이나 기업의 새로운 자산이 된다. 그러므로 빅데이터 전문가는 거대하고 다양한 데이터 속에서 무한한 가치를 찾아내는 일에 집중하는 사람이다.

빅데이터 전문가가 되기 위해서는 여러 과정이 필요하다. 관련 공부를 할 수 있는 데이터 사이언스 과정이 개설된 대학은 매사추세츠공과대학, 스탠퍼드대학, 노스캐롤라이나주립대학 등이다. 석사 출신 빅데이터 전문가의 평균 초봉은 7만~10만 달러, 우리나라 돈으로 약 8,300만~1억 1,800만 원으로 알려져 있다.

한국의 경우 대학의 학사과정과 석사과정, 빅데이터 활용센터와 빅데이터 아카데미를 통해 전문가를 키워내고 있지만 아직 인력이 부족한 상황이다. 빅데이터 전문가를 필요로 하는 분야가 그만큼 많다는 뜻이다.

빅데이터 전문가는 짧은 기간에 될 수 없는 직업이므로 현장 경험을 통해 전문지식과 자신만의 기술을 다각도에서 쌓아야 한다. 그러니 미래 자신의 모습을 기대하며 많은 정보 홍수 속에서 가장 적절한 정보를 쌓으며 꾸준하고 성실하게 준비해보자.

독자 여러분이 빅데이터 전문가로서 제4차 산업혁명을 이끌어가는 주인공이 되기를 기대한다.

theD마스터플랜연구소

차례

1장
빅데이터 전문가는
어떤 직업이지?

빅데이터란
무엇일까?

빅데이터, 한계를 넘는 크기의 데이터

최근 정보통신 분야에서 가장 화제가 되는 주제는 빅데이터이다. 과학기술, 경제, 사회, 정치, 문화 등 거의 모든 분야에서 빅데이터의 중요성은 점점 커지고 있다.

'빅데이터(Big data)'란 무엇일까? 빅데이터는 디지털 환경에서 만들어지는 거대한 데이터를 말한다. 1990년대부터 우리가 사용하는 인터넷의 사용 범위가 넓어지면서, 전 세계 여러 나라 사람들이 필요한 정보를 주고받으며 엄청난 양의 데이터가 생겨나기 시작했다. 또한 정보화 시대로 넘어오면서 스마트폰이 일반화되어 개인이 활용하는 정보와 SNS 등에서도 데이터가 생겨났다. 그 크기는 우리가 상상하는 것 이상이다.

'빅데이터'라는 말은 미국 실리콘밸리에서 처음으로 사용하기 시작했다. 2012년 시장조사기관 가트너그룹이 빅데이터를 세계 10대 기술로 선정하면서, 빅데이터 전문가가 미래의 직업으로 큰 관심을 끌었다.

해외에서는 이미 빅데이터 전문가들이 활발하게 활동하고 있으며, 여러 분야에서 인정을 받고 있다. 연봉도 높은 편이다. 구글은 2000년대부터 뛰어난 인터넷 검색 능력으로 세계적으로 인기를 끌면서 크게 성장한 회사이다. 구글이 모은 인터넷 사용자의 검색 데이터 크기도 상상할 수 없을 만큼 커졌다. 인터넷은 물론 스마트폰 사용으로 SNS(소셜 네트워크 서비스)를 통하여 개인과 개인이 데이터를 만들고 쓸 수 있게 되자 기업은 개인의 데이터에 주목하기 시작했다. 이에 따라 빅데이터 전문가의 필요성이 크게 늘어났다.

미국에서는 현재 빅데이터 전문가를 다음과 같이 분류하고 있다. 분석하고 시각화하는 데이터 과학자, 기획하는 빅데이터 컨설턴트, 처리하고 만드는 기술 빅데이터 개발자, 운영하고 관리하는 빅데이터 운영자 등으로 구분한다.

한국의 빅데이터 전문가들은 대기업이나 검색 포털사이트, IT 기업, 전문 데이터 분석 기업에서 활동하고 있다. 또한 금융업계에서도 빅데이터 분석팀을 만드는 등 빅데이터 전문가의 활동 영역이 더욱 넓어지고 있다.

전 세계적으로 디지털 데이터의 크기는 제타바이트(zetabyte, 1조 1,000억 기가바이트) 단위로 나타낸다. 전 세계 데이터 저장 용량은 지난 2017년 33제타바이트 수준이었고, 2025년이 되면 175제타바이트로 늘어날 전망이라고 한다. 그래서 이제 제타바이트 시대 혹은 스마트 시대가 올 것이라고 말하기도 한다.

데이터가 많으면 무조건 좋은 것일까?

아주 많은 양을 분석하면 일정한 패턴을 분석할 수 있지만, 정보의 양이 많아지는 만큼 데이터의 신뢰성이 떨어지기 쉽다는 단점이 있다. 그러므로 빅데이터를 분석하는 기업이나 기관에서 수집한 데이터가 정확한지, 분석할 만한 가치가 있는지를 제대로 알아야 한다. 그만큼 빅데이터 전문가의 역할이 중요해지고 있다는 뜻이다.

빅데이터의 특징

첫째, 빅데이터의 크기는 끊임없이 커진다.

기가바이트(Gigabyte)에서 테라바이트(Terabyte), 페타바이트(Petabyte), 엑사바이트(Exabyte), 제타바이트(Zettabyte)로 데이터 크기의 단위는 계속해서 커진다. 1페타바이트의 크기는 6기가바이트짜리 영화 DVD 17만 4천 편을 담

을 수 있을 정도이니, 단위 크기가 늘어날수록 얼마나 큰
지 짐작도 하기 어렵다.

데이터 용량의 여러 단위

단위	용어	기호	크기
바이트	Bite	B	1B
킬로바이트	Kilobyte	KB	1,000B
메가바이트	Megabyte	MB	1,000,000B
기가바이트	Gigabyte	GB	1,000,000,000B
테라바이트	Terabyte	TB	1,000,000,000,000B
페타바이트	Petabyte	PB	1,000,000,000,000,000B
엑사바이트	Exabyte	EB	1,000,000,000,000,000,000B
제타바이트	Zettabyte	ZB	1,000,000,000,000,000,000,000B

둘째, 빅데이터의 빠르기는 실시간 처리가 가능하다.

디지털 데이터는 매우 빠르기 때문에 데이터가 모이고
만들어지며 저장되어 생산자에서 소비자에게 전달되는 단
계가 거의 실시간으로 처리된다. 예를 들어 여러분이 인터
넷 검색창에 '공부법'을 검색했을 때 검색한 단어가 바로
저장되어 데이터베이스가 만들어진다. 다음에 사용할 때

는 보다 빠르게 정보를 얻을 수 있으므로 사용자가 그 사이트를 지속적으로 사용하게 된다. 이와 관련한 실제 사례로는 네이버 지식인 서비스를 들 수 있다. 2002년 네이버는 '지식인' 서비스를 시작했고, 이 서비스의 인기에 힘입어 2004년부터 포털사이트 1위에 올랐다.

셋째, 다양한 정보에서 새로운 가치를 발견한다.

빅데이터는 종류에 따라 정형 데이터와 비정형 데이터로 나뉜다. 우선 정형 데이터는 고정된 곳에 저장되는 데이터를 의미한다. 예를 들면 온라인 쇼핑몰에서 제품을 주문할 때 이름, 주소, 연락처, 결제정보를 입력하고 주문을 완료하면 미리 만들어진 데이터베이스에 종류별로 저장이 된다. 정형 데이터는 이렇게 기존에 분류한 종류별로 정리해 보다 쉽게 보관하고 분석할 수 있는 데이터를 말한다.

비정형 데이터는 고정된 곳에 저장되지 않은 데이터, 일정한 항목으로 정리되지 않은 데이터를 의미한다. 유튜브 동영상, SNS나 블로그에서 저장하는 사진과 오디오, 메신저에서 주고받은 대화 내용, 스마트폰에 기록되는 위치정보 등이 여기에 속한다.

비정형 데이터는 무척 다양한 형태를 지니기 때문에 이 데이터 안에서 일정한 규칙이나 정보를 찾기가 어렵다. 하지만 빅데이터 분석을 통해 이러한 비정형 데이터에서도 새로운 의미를 발견할 수 있다. 그동안 찾아내지 못한 가치를 발견하는 것이 바로 빅데이터 전문가의 일이다.

빅데이터가 중요한 이유

빅데이터는 미래 경제의 큰 자원이자 높은 가치를 지닌 새로운 자산이다. 빅데이터를 활용하면 경쟁력과 생산성을 크게 높일 수 있다. 그 이유는 다음과 같다.

첫째, 빅데이터는 기업과 정부, 의료와 교육 분야 등 거의 모든 분야에서 활용하며 높은 가치가 증명되었다.

기업은 고객이 원하는 상품이나 서비스를 개발하는 것 외에도 경영 전략까지 빅데이터를 활용하고 있다. 의료 분야에서는 빅데이터를 활용하여 의료정보를 분석하고 미래의 질병을 예측하는 시스템을 개발했으며, DNA 연구 분야에도 활발하게 적용하고 있다. 교육 분야에서는 실시간으로 쌍방향 영상교육이 가능해졌다. 특히 2020년 코로나바이러스감염증-19(이하 코로나19)로 인해 이러한 미래의 교육 방식이 한층 앞당겨졌다.

둘째, 빅데이터는 문제해결을 도와준다.

빅데이터는 실시간으로 데이터를 수집하고 분석하여 활용할 수 있다. 상관관계를 밝혀내면 미래에 대한 예측도 가능해진다. 기존에 사용한 분석 방법이 궁금한 점에 대한 답을 찾는 방식이었다면, 빅데이터는 자료를 바탕으로 예상하거나 혹은 의도하지 않았던 문제를 발견하고 그에 대한 새로운 해결방법을 찾아낼 수 있게 해준다.

셋째, 빅데이터는 의사결정을 도와준다.

미래에 여러분이 회사를 운영한다고 생각해보자. 이때 어떤 능력이 가장 중요할까? 자신의 경험에 비추어 판단하는 능력이 매우 중요하다. 하지만 합리적인 의사결정을 할 때는 경험이나 느낌이 오히려 방해가 될 수도 있다. 그럴 때 빅데이터를 활용하여 분석하면 단순한 현황 파악은 물론이고, 최종 의사결정까지 진행되는 과정에까지 폭넓게 사용할 수 있다. 또한 성과가 뛰어난 업무 분야를 살펴보면 그에 대한 데이터 분석이 우수하다는 점을 알 수 있다.

빅데이터를 읽는 방법

통계는 여러 분야의 다양한 정보를 숫자로 나타내 파악할 수 있는 방법이다. 여러 가지 수치를 정리해서 나타내기도 하고 전체적인 흐름을 한눈에 알 수도 있다.

예를 들어 세계 전체 인구 중에 남자가 많은지 여자가 많은지, 젊은 층이 많은지 적은지, 혹은 노인층이 많은지 적은지에 대해 연도별·국가별로, 선진국과 후진국 기준 등으로 통계를 내면 원하는 정보를 한눈에 알 수 있다는 장점이 있다. 또한 어떤 마케팅을 할 때나 신제품을 개발할 때 소비자가 무엇을 좋아하는지 싫어하는지 취향을 조사해 활용할 수 있다. 빅데이터는 이렇게 대상의 정보를 통계로 분석하는 기술이다. 어떠한 분야든 우리가 생각지도 못한 곳에서 빅데이터 통계가 폭넓게 활용되고 있다.

빅데이터 분석은 통계에 기초를 둔 기술이다. 그러나 통계학을 전공하지 않았다고 해서 빅데이터 전문가가 되지 못하는 것은 아니다. 어느 분야든지 통계자료를 이해하는 능력이 필수인 시대이므로, 빅데이터를 활용하여 통계를 읽는 능력을 키우고 배우면 된다.

많은 정보를 어떻게 활용해야 할까?

직장인이나 취업준비생에게 요구되는 것 중 하나가 데이터를 기반으로 생각하는 방식이다. 그 이유는 빅데이터의 사용이 점점 늘어나 쓰이지 않는 분야가 거의 없기 때문이다. 데이터가 점점 커지고 많아지면 데이터를 저장하고 처리하는 비용은 더 저렴해지므로 더 많은 사람이 찾아 사용하게 된다.

수많은 사람이 스마트폰을 사용하면서 거기에 얼마나 많은 데이터가 저장되고 사용되는지를 세계가 주목하기 시작했다. 따라서 사회에서는 데이터를 기반으로 일하는 인력을 더 필요로 하고 있다. 기업도 다양한 기획과 사업을 더 많은 데이터를 기반으로 일하고 있다. 빅데이터 전문가를 만들어내기 위한 체계적인 교육이 절실하게 필요하다.

빅데이터는 무엇을 분석하는 걸까? 어떤 상품에 대한 고객의 반응이 좋거나 나쁘다는 것은 물론, 가늠하기 힘든 조사 결과들을 숫자로 분석할 수 있다. 고객이 어떤 서비스를 받거나 어떤 기업의 상품을 이용하고 나서, 혹은 상점이나 백화점을 이용했을 때 느낀 점 등을 SNS에 표출했을 때 곧바로 데이터를 모아 분석하고 처리한다. 그러므로 기업은 고객을 더 가까이에서 이해할 수 있게 된다.

그렇다면 빅데이터로 인해 생겨나는 악영향은 없을까? 가장 먼저 떠오르는 것은 보안 문제이다. 개인정보가 빅데이터로 처리되면서 유출되는 사고가 종종 벌어지기 때문이다.

개인정보는 인터넷 사용자에 따라 몇 군데 혹은 여러 곳에 노출되기도 한다. 데이터를 활용하여 좋은 서비스를 추천받거나 제공받으면 좋은 일이지만, 수집된 개인정보를 함부로 사용된다면 크고 작은 문제가 수시로 생길 수 있다.

하지만 국가가 만든 '개인정보 보호법'에 따라 안전하게 개인정보를 관리하고, 개인정보를 관리하고 주관하는 사업이나 기관에 따라 개인정보를 공개할지 말아야 할지를 판단하여 사용한다면 안전하게 사용할 수 있다.

혹시 빅데이터가 여러 서비스를 제공하고 사회의 여러 문제를 해결하면, 원래 그 일을 하던 직업이 사라지지 않을까? 예를 들어 자동차의 자동주행 기술이 실현되면 택시기사가 사라지는 것처럼, 빅데이터로 인한 실업 문제에 대해 걱정이 될 수도 있다.

결론부터 말하면 과거의 직업이 새로운 기술에 의해 사라지는 일은 빅데이터 때문만은 아니다. 제4차 산업혁명 시대에는 IT 기술이 발달하여 자동화되면서 일자리가 줄거나 직업 자체가 아예 없어지는 일들이 빈번히 일어난다. 하지만 기업이 정보기술을 바탕으로 자동주행 자동차나 우주산업 같은 다양한 분야에 산업을 키우기 때문에 더 새로운 일자리가 생겨나고 있다.

빅데이터의
활용

자라의 빅데이터 경영

'자라'는 스페인의 대표적인 의류 회사이다. 1975년에 처음으로 매장 문을 열었고, 1990년부터는 세계로 진출했다. 현재는 70여 개 나라에 1,600개나 되는 매장을 갖고 있다.

자라가 성공할 수 있었던 요인은 새 상품 개발과 매장 운영에 있다. 가령 그들은 새로운 제품을 화요일과 토요일 두 번 내놓는다. 그 이유는 급속도로 변하는 의류의 흐름을 선도하고 의류시장과 소비자들의 선택을 받기 위해서라고 한다. 항공기로 빠르게 운송하기 때문에 전 세계 매장에 새로운 옷이 전시되기까지 2주 정도 걸리며, 데이터로 구매자를 예측하기 때문에 새 제품의 실패율은 1% 미만이다. 자라는 2005년 전 세계 매장에 남은 재고제품을 해결하기 위해 데이터를 분석하는 방법을 개발했다. 소비자가 원하는 것을 알아내고 데이터를 기반으로 제품을 기획하는 것이 중요하다고 판단했기 때문이다.

자라 매장에서는 고객이 고른 상품의 사이즈가 없을 경우, 직원이 스마트폰으로 가격표 QR 코드를 찍는다. 찾는 치수가 어디에 있는지, 창고나 다른 매장에 있다는 정보를 확인한 뒤, 고객에게 설명하고 어떻게 할지 선택하도록 돕는다. 1년에 약 4억 5천만 개나 되는 상품을 만드는 자라에서 매장 직원이 재고를 파악하는 건 쉬운 일이 아니다. 이렇게 간단하게 스마트폰으로 재고를 확인할 수 있는 것은 무선 주파수 인식(RFID) 기술 덕분이다. 자라의 모든 제품에는 RFID 칩이 붙어 있는데, 색상·사이즈·진열위치·판매량 등 제품의 모든 정보를 관리해 상품이 팔리면 재고 관리실에서 실시간으로 파악해서 채워넣도록 한다.

기술로 인한 변화는 이뿐만이 아니다. 3300㎡가 넘는 매장에 가득한 제품을 직원 한 사람이 거뜬히 관리할 수 있다. RFID 리더기를 들고 매장을 돌아다니면 상품 정보가 읽혀 중앙 컴퓨터로 보내지고 모니터에서 확인한다. 매장에서 필요한 제품이 물류센터 몇 번째 옷걸이에 있는지 알 수 있는 정도이다.

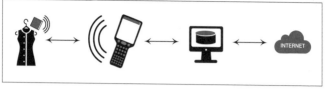

자라의 RFID 재고관리

① RFID 태그: 제품에 재고 관리용 RFID 태그를 붙인다.
② RFID 리더: 리더기를 사용해 제품 수량, 위치 등을 입력한다.
③ 데이터베이스: 입력된 데이터를 보관하며, 허가된 사람만 데이터를 수정하고 입력할 수 있게 한다.
④ 인터넷: 인터넷에 연결된 스마트폰, PC 등을 이용해 상품이 어디에, 얼마나 있는지 확인한다.

빅데이터와 미국 대통령 선거

버락 오바마 전 미국 대통령은 2008년 초선 선거운동 당시, 선거권을 가진 다양한 사람들의 데이터베이스를 확보하고 분석해 그에 맞는 선거 전략을 세웠다. 오바마 선거 캠프에서는 유권자의 피부색과 종교, 나이를 분류하고 어떤 집에 살고, 돈은 어느 정도 쓰며 과거에 투표를 했는지 안 했는지, 잡지는 어떤 것을 보는지, 주로 마시는 음료는 무엇인지 등 기본적인 성향을 파악하기 위해 전화, 방문, 온라인으로 자료를 수집했다. 이렇게 모은 유권자의 데이터베이스를 선거 캠프로 전송되어 성향을 분석하고, 선거를 할까 말까 망설이는 사람들은 따로 분류해 선거 결과를 예측했다. 이런 데이터를 분석해 버스나 지하철 같은 대중

교통 공간이 유권자와 가장 가깝게 접근할 수 있다는 결과를 얻어냈고, 버스 광고를 통해 사람들의 이목을 끌기도 했다. 이렇게 다각도로 이용한 데이터베이스가 오바마가 대통령이 되는 데 큰 역할을 했다는 것이 전문가들의 의견이다. 이는 다음 선거에서도 영향을 미쳤다.

도널드 트럼프 대통령도 빅데이터를 활용하여 선거를 치렀다. 정치헌금 기부명단, 각종 면허, 신용카드 정보, SNS 등 다양한 빅데이터를 분석해 유권자 개인의 성향을 파악하는 맞춤형 선거운동을 펼쳤다. 특히 백인 중산층 이하 노동자들이 지지하는 정당이나 후보자가 없다는 데이터를 얻어 그들의 표를 얻을 수 있는 방법을 연구했다. 그 방법으로 멕시코 국경에 장벽을 쌓겠다는 공약을 내놓아 당선에 성공했다.

빅데이터와 한국의 선거

한국은 2017년 제19대 대통령 선거부터 SNS를 비롯한 인터넷 선거운동을 할 수 있도록 허용했다. 그러자 SNS에서 선거 관련 데이터가 크게 늘어났고, 2010년 제5회 지방선거와 2011년 재보궐선거에서 SNS의 중요성을 확인한 정당들이 공천 심사 반영에 이를 적극적으로 활용했다. 제21대 국회의원 선거에서도 빅데이터 분석을 활용한 선거 전략은 통했다. 빅데이터 기술을 활용하여 유권자가 주로 다니는 길, 취향 등을 분석하여 지역구 후보가 선거 유세를 하는 장소와 표를 많이 얻을 수 있는 중심지역에 공약을 적용시키는 맞춤형 전략으로 썼다. 이렇듯 빅데이터 분석의 강점은 수많은 사람의 마음과 생각을 읽어낼 수 있다는 점이므로, 여론조사와 병행하는 빅데이터 분석은 큰 힘을 발휘할 수 있다.

고한석 빅데이터 전문가는 2017년 대통령 선거를 앞두고 전국 3,500개 읍·면·동을 대상으로 전략지도를 만들어 선거에서 승리하는 데 큰 힘을 실어주었다. 이렇게 빅데이터와 여론조사 분석에 능력 있는 전문가는 중요한 일에서 결정적 역할을 하기도 한다.

빅데이터를 활용하는 도시

과학기술정보통신부는 데이터 3법, 즉 개인정보 보호법, 신용정보 보호법, 정보통신망법의 개정안이 국회 본회의를 통과하자, 데이터를 개방하고 유통을 확대하며 데이터와 데이터를 합쳐서 활용하는 데이터 산업을 본격적으로 지원하겠다고 발표했다. 그 이유는 빅데이터의 활용 가치가 중요시되어 데이터 산업에 큰 변화가 생겨날 것이 예상되기 때문이다.

경기도 남양주시에서는 데이터를 기반으로 의사결정 시스템을 마련했다. 기존 빅데이터 분석 시스템은 분석하는 데 한 달 이상 걸렸고 관련 기술은 용역업체에 의존했으므로 지속적인 진행이 어려웠다고 한다. 빅데이터를 활용한 의사결정 시스템은 민원, 교통, 보건, 주차 등 다양한 행정 시스템 100여 가지의 데이터와 공공데이터 포털사이트에서 총 300여 종의 데이터를 자동으로 수집하고 저장하여 행정업무를 빠르고 효율적으로 대처하고 있다고 한다.

제주시 관광공사 연구조사센터에서도 관광 빅데이터를 사용하고 있다. 스마트 관광사업을 하기 위해 빅데이터를 이용하는 경우이다. 관광객이 주로 이동하는 길이나 물건을 구입하는 장소와 상품 등을 분석해 새로운 관광 상품을 개발하고 빠르게 변화하는 관광 유형에 대응하기 위한 노력의 결과이다. 또한 관광객에게 맞춤 서비스를 제공하기 위해 체계적이고 과학적인 제주관광 개발에 힘을 쏟고 있다. 제주시는 정부에서 제공하는 공공데이터와 포털사이트에서 제공하는 제주 관련 빅데이터를 통합하여 '제주데이터허브'를 제공하고 있다. 여러분이 제주도 여행 코스를 짤 때 제주관광 관련 업체가 데이터를 활용하여 실시간으로 만드는 분석 자료를 참고할 수 있다는 뜻이다.

일상생활에서 사용되는 빅데이터

기업이나 공공기관뿐만 아니라 개인도 일상생활에서 데이터를 활용하여 자신의 삶과 일에서 데이터를 적극적으로 수집하고 활용할 수 있다.

사람들은 어떤 데이터를 모으며 살아갈까? 데이터 전문가나 데이터 과학자가 아닌 평범한 일반인이 가장 흔하게 모으는 데이터는 맛집, 길찾기, 활동범위, 몸무게 등 주로 즐겁고 건강하게 살아가는 방법에 관련되어 있다. 예를 들어 자신의 인지기능, 혈당량, 위치, 심장박동 수, 스트레스 정도, 심리검사 등의 다양한 데이터를 모으는 것이다.

데이터 과학을 처음 공부하는 사람은 일상생활에서 데이터를 모아보는 것이 좋다. 왜냐하면 경험을 통해 모은 데이터에서 가치를 끌어내는 과정은 복잡하거나 크게 어렵지 않으며, 데이터를 바라보는 관점을 키워 문제를 발견하는 감각을 기를 수 있기 때문이다. 또 문제를 해결하면서 그것의 핵심문제가 무엇이며 자신이 모은 데이터 외에 어떤 데이터를 모아야 할지 스스로 찾다보면 데이터 과학자의 일을 체험해볼 수 있다.

빅데이터로 재난 예방과 관리

하버드대학교와 메사추세츠공과대학 전문가들이 만든

빅데이터 활용 전염병 분석 프로그램 '헬스맵(각 공공 의료 기관의 스마트 진단 서비스)'은 지난 에볼라, 메르스 사태 때 WHO보다 먼저 위험성을 경고하여 주목을 받았다. 코로나19 감염 발생 지역에 대한 정보도 제공하고 있다.

또 캐나다의 인공지능(AI) 기술 스타트업인 '블루닷'은 인공지능을 활용한 감염병 예측 시스템을 2014년부터 만들어왔다. 블루닷은 2019년 이 서비스를 이용하는 고객들에게 중국 우한 지역에서 발생한 코로나 감염병이 확산될 가능성이 있다고 발표했다. 이는 세계보건기구(WTO)보다 열흘 빠른 것이었다. 그러나 미국을 비롯한 유럽 여러 국가는 이 경고를 심각하게 여기지 않았고 대응도 늦고 말았다.

인공지능은 어떻게 신종 감염병의 위험을 더 일찍 발견할 수 있었을까? 간단하게 말하면 데이터 분석을 활용했기 때문이다. 블루닷은 질병을 추적하는 방법으로 SNS가 아닌 항공권을 사고파는 데이터에 관심을 모았다. 중국 우한에서 아시아 전역으로 사람들이 드나드는 이동 경로를 분석했고, 폐렴이 그쪽으로 확산될 것을 미리 예측했는데 결과는 적중했다. 전문가들은 분석된 데이터로 전염병을 예측하고 확산을 방지하는 데 활용하도록 권고했다. 모든 국가가 데이터를 믿고 받아들여 대비했다면 피해를 줄였을 것으로 분석했다.

한국의 경우 코로나19에 대한 대응이 성공적이라고 평가받는데, 그 중심에는 빅데이터가 있다.

특히 KBS 방송국 데이터 저널리즘팀은 한국 내 코로나 확진자의 상황을 알기 쉽게 전달하기 위해 인터랙티브 사이트를 열었다. 사람들은 이를 통해 확진자 조회, 확산 관계망, 확산 지도, 전염 추세, 각국의 확인되는 환자 규모와 감염 경로, 바이러스 확산 현황을 실시간으로 확인할 수 있었다. 이는 모두 빅데이터의 장점을 적극 활용해 좋은 결과를 가져온 사례이다.

이처럼 빅데이터를 활용해 심각한 재난을 예방하고 효과적으로 관리할 수 있다.

데이터로 말하는
빅데이터 전문가

누가 빅데이터 전문가가 될 수 있을까?

데이터가 커지고 복잡해지면서 이를 전문적으로 다루는 직업이 생겨났다. 이 직업을 데이터 과학자, 혹은 데이터 전문가라고 부른다. 빅데이터 전문가가 되기 위해서는 여러 종류의 데이터를 자유자재로 다룰 수 있어야 하고, 통계 모델과 머신러닝(Machine Learning, 인공지능의 한 분야로 소프트웨어가 인간처럼 학습할 수 있도록 한 기술)을 사용하여 예측 분석을 할 수 있어야 한다. 또한 데이터를 직업으로 다루지 않는 사람들을 상대하면서 사용자의 의도를 파악해야 한다. 또한 분석한 결과를 누구나 알아듣기 쉽게 설명할 줄 알아야 한다.

보통 기업에서는 빅데이터 전문가를 한 명 또는 소수 인원만 뽑는다. 이런 적은 인원으로 엄청난 양의 데이터를 처리하거나 복잡한 데이터 속에서 사업에 도움이 될 만한 새로운 가치를 찾아내는 것은 보통 일이 아니다. 사업에 도움이 될 만한 데이터를 제대로 파악하는 것도 컴퓨터나 통계에 관한 지식을 훨씬 뛰어넘는 일이다. 그러나 회사의 사업 목적은 논리적이거나 완벽하지도 않고 주어진 데이터를 분석하기에 좋은 환경도 아니기 때문에 어려운 점이 많다.

여러분이 온라인 웹사이트를 만들고 글을 하나 올렸다고 가정하자. 여러분은 이 글을 읽은 사람들에게 "앞으로도 이러한 글이 올라올 때 알림 받기를 원한다면 이메일을 공개해 달라"고 요청할 수 있다. 그런 뒤 새 글을 또 올린다. 그러면 얼마나 많은 사람이 이메일을 공개했는지 알 수 있으므로 웹사이트 방문과 관심을 확인할 수 있고 나만의 데이터도 모을 수 있게 된다.

빅데이터 전문가를 꿈꾸는 사람들이 생각하는 이 직업인의 모습은 과연 어떨까? 데이터를 손에 댈 때마다 새로운 가치를 뽑아내는 데이터 과학자? 아니면 데이터 정보를 이리저리 옮기고 있는 모습?

데이터 전문가의 분야를 셋으로 나누어 보면 다음과 같다. 첫째, 데이터를 수집하고 가공하는 일, 둘째, 분석하고 예측하는 일, 셋째, 과제를 만들고 그 결과를 사업에 적용하는 일이다. 그러나 하나의 분야에서 전문가가 되는 일은 결코 쉬운 일이 아니다. 더욱이 이 세 가지를 다 갖춘 사람을 찾기는 더 어려운 실정이다.

나만의 데이터를 얻는 방법

일반 기업이나 IT 기업가, 하다못해 골목식당을 개업하려는 창업자에게도 데이터는 무엇보다 중요하다. 사업에 성공하려면 데이터가 차지하는 역할이 그만큼 크기 때문이다. 시장은 무엇을 원하는가? 시작하려는 새로운 사업은 무엇인가? 사업장 공간은 어떻게 마련하고 꾸밀 것인가? 만드는 제품의 결과는 어떤 수준인가? 어떤 대상을 고객으로 하는가? 이런 의문을 갖고 접근할 수 있어야 한다.

'프리토타입(Pretotype)'은 머릿속에서 구상한 그 아이디어를 값싸고 빠르게 검증하는 일종의 속성 테스트이다. 짧게는 2시간, 길면 일주일 안에 내가 원하는 제품과 서비스에 대한 직접적인 시장 반응을 확인할 수 있는 조사법이다. 문을 열지 않은 서점에 손님이 얼마나 올까? 아직 개발되지 않은 스마트 기기를 사람들은 어떤 방식으로 사용할까? 이런 문제를 예측하는 방법은 제품이 실제 세상에 존재하는 것처럼 만들어서 각자의 데이터를 얻는 실험이다. 이를 프리토타입의 '페이크 테스트(Fake Test)'라고 부른다.

미국의 컴퓨터기기 제조기업인 IBM은 엄청난 돈을 투자해야 하는 음성인식 컴퓨터를 개발하기 전에 한 가지 실험을 했다. 속기사를 옆방에 숨겨두고 실험자들이 말하는 대로 글자를 화면에 입력하도록 한 것이다. 사용자들은 처음에 음성인식 컴퓨터를 신기해했다. 하지만 얼마 지나지 않아 입력을 위해 문서를 읽어주는 사람의 목이 쉽게 상하고, 중요한 문서의 경우 누가 내용을 들을 수 있어 보완이 위험하다는 이유로 이 제품을 거부하게 되었다. 구글 최초의 엔지니어링 디렉터이자 혁신 전문가인 알베르토 사보이아는 사업에 투자할 사람을 모으고 제품 개발에 들어가기 전에 이런 검증의 시간을 반드시 거쳐야 한다고 주장했다.

다음과 같은 방법을 응용해 나만의 데이터를 모을 수도 있다. 인터넷 매체에 게재되는 온라인 뉴스는 속도가 생명이다. 하지만 온라인 뉴스를 보는 독자 중 10%는 빨라서 허술한 기사보다, 며칠 늦더라도 통찰력 있는 기사를 원한다고 한다. 예를 들어, 여러분이 웹사이트에 글을 올린다고 가정해보자. 그 글을 보는 사람들 중에 일부는 여러분이 쓴 글을 계속 보고 싶거나 신뢰하고 있으므로, 구독 서비스를 위해 요청한 이메일 수집에 응할 것이다. 이때 수집된 이메일을 통해 웹사이트의 방문과 관심을 확인하는 등 데이터를 모을 수 있다.

새로운 일을 시작할 때 사람들의 의견을 구하는 것보다는 시장 데이터를 분석하여 나만의 데이터로 축적하는 것이 훨씬 더 정확하고 유리하다. 여러 가지 아이디어와 데이터 중에 어떤 것이 성공할지 아무도 모르기 때문이다. 세계적인 검색 엔진 '구글'의 표어는 바로 이것이다.

"의견은 접어두고 데이터로 말하라!"

그러나 데이터를 기반으로 창업하여 성공한 사람들의 첫 시작은 생각만큼 화려하지 않았다. 예를 들어, 구글은 공동 창업자 래리 페이지와 세르게이 브린이 스탠퍼드대학에 재학 중일 때 대학 인트라넷 문서를 목록으로 만드는 작업에서 시작되었다.

페이스북은 마크 저커버그가 하버드대학에 다니던 학생 시절에 만들었다. 에어비앤비 설립자는 그들이 살고 있던 샌프란시스코 아파트에서 방 하나에 에어 매트리스를 임대하는 것으로 사업을 시작했다. 화려하지는 않지만 이렇듯 쉽게 접근할 수 있는 시장에서 실험을 하면 적은 비용으로 사람들의 소중한 반응을 얻을 수 있다.

세상은 지금 빠르게 변하고 있다. 그러므로 신중하면서도 재빠르게 행동하면서 실패 확률을 낮추려면 테스트가 필요하다. 그러기 위해 데이터를 수집하고 아이디어를 기획해 실행해야 한다. 그런데 이때 자신이 맞다는 확신과 과연 맞을지 모른다는 의심 사이에서 균형을 잡아야 한다. 자신의 아이디어에 깊이 빠지면 객관적인 시각을 잃고 만다. 전문가의 의견은 신뢰할 만하지만, 미래 기술에 대한 방향이나 소비자 행동을 예측하는 것은 위험하니 항상 의심해야 한다.

실패는 특정 나라나 문화를 가리지 않는다. 내가 과연 성공할 것을 만들고 있는지 항상 물어야 한다. 한 분야의 전문가 10명에게 똑같은 질문을 한다면 10개의 다른 의견을 말할 것이다. 그러므로 성공 가능성을 높이고 싶다면 실제 시장의 데이터를 수집해야 한다. 예를 들어 동네에 작은 피자 가게를 연다면 그 동네에서 예상되는 소비자에게 아이디어를 실행해보아야 한다.

어떻게 해야 빅데이터 전문가가 될 수 있을까?

IT에 관련된 일을 하려면 기본적으로 필요한 세 가지 자질이 있다. 결과물을 만들어낼 때까지의 인내력, 효율적인 코드를 짤 수 있는 창의력, 성장하고자 하는 의욕이다. 자, 그럼 더 자세히 살펴보자.

첫째, 인내력이 필요하다. 개발을 하다 보면 오류가 생기기도 하고 코드 1줄에 생긴 오류를 해결하기 위해 1,000줄이 넘는 코드를 읽고 분석해야 하기 때문이다. 무던하게 참으며 해결해간다면 완성하지 못할 것도 없다. 자신의 능력이 부족하다고 생각해 개발이 불가능하다고 좌절하기보다 결과물을 만들어낼 때까지 끈질기게 도전하는 근성이 중요하다.

둘째, 창의력이 필요하다. 남들과 비슷한 것을 개발하는 것보다 다른 방법으로 생각하고 더 효과적으로 생각하려고 노력할 때 창의력이 발휘될 수 있다.

셋째, 성장하고자 하는 의욕이 있어야 한다. 그러려면 이 일이 적성에 맞아야 한다. 이 일이 적성에 맞는지 알아보려면 기본적으로 데이터를 분석하는 것에 흥미와 재미를 느끼는지 알아보면 된다. 개발하는 것이 즐겁고 잘하고 싶다면 더 알고 싶고 연구하고 싶은 마음이 생기고 절로 공부에 매진하게 된다. 적성에 맞다면 의욕이 생기고, 일을 진행할 때 시간 가는 줄 모르고 집중해 완성도 높은 프로그램을 만들어낼 수 있다.

이외에도 빅데이터 전문가로서 활약하기 위해서는 의사소통 능력도 필요하다. IT 개발 분야에서 개발 능력이 가장 중요한 것은 사실이지만, 의사를 정확하게 전달해야 일의 효율성이 높아지기 때문이다. 또 IT 관련 일을 하는 사람에게는 집중력이 중요하다. 개발을 할 때 시간 가는 줄 모르고 집중해서 푹 빠져 일하는 사람에게 잘 맞는 직업이다.

무슨 직업이든 마찬가지지만 기업에 지원할 때는 자기만의 확실한 지원 동기를 가지고 있어야 한다. 빅데이터 전문가도 마찬가지다. 회사는 목표가 명확하고 능력을 계발하고자 하는 동기부여가 된 인재를 원하기 때문이다. 또한 현재 상황에서 어떤 프로젝트를 해보는 것도 중요하다. 경험있는 사람은 일에 대한 이해가 높기 때문이다.

그렇다면 어떤 경험을 쌓는 것이 좋을까? 데이터 과학자의 길을 가고 싶다면 훗날 빅데이터 관련 회사의 인턴과정을 경험해보면 좋다. 빅데이터 경진대회나 공모전에 참여하는 것도 기회가 될 수 있다. 자신의 실력을 파악하는 계기가 되기 때문이다.

머신러닝을 독학하고 싶다면 구글 머신러닝 단기 집중과정 강의를 수강하거나, 데이터 분석 준전문가(ADsP)와 데이터 분석 전문가(ADP) 자격증을 따는 것도 좋다. 이 내용은 현장에서 많은 도움이 된다. 하지만 여러분이 지금 당장 준비할 수 없는 것들이므로 미래를 위해 알고 있는 정도면 충분하다.

프로그래머는 빅데이터 전문가가 될 수 없을까?

빅데이터를 다루는 일과 빅데이터 프로그램을 설계하는

일은 조금 다르다. 예를 들어 통계학과나 수학과 학생 중 빅데이터 전문가를 꿈꾸는 사람이 많은데, 그들은 대부분 빅데이터를 다루는 일을 한다. 하지만 통계학을 몰라도 빅데이터 전문가가 될 수 있다. 빅데이터를 만들기 위한 컴퓨터 프로그램을 개발하는 프로그래머에게는 통계학이 필수는 아니다.

빅데이터는 말 그대로 거대한 양의 데이터이다. 그 엄청난 데이터에서 필요한 정보를 골라서 사용할 수 있는 능력은 통계학을 공부한 사람이 잘할 수 있다. 통계학 전공자가 기획한 조건을 가지고 빅데이터 프로그래밍을 설계하고 개발하는 일이 빅데이터 프로그래머가 하는 역할이다.

IT 산업은 데이터 과학으로 변화하고 있다. 해외학회의 주제를 보면 인공지능(AI), 딥러닝, 머신러닝이 대부분이다. 만약 컴퓨터과학과를 전공한다면 머신러닝 공부를 더 하고, 통계 관련 공부를 하며 최신 경향을 놓치지 않는 것이 중요하다.

만약 어떤 회사에 입사하기를 원한다면 그 회사와 비슷한 데이터로 분석하기를 경험해보는 게 좋다. 예를 들어, 병원연구소에서 일하고 싶다면 의료 데이터를 찾아보고, 식품 회사에서 일하고 싶다면 그와 비슷한 내용의 데이터를 찾아보는 것만으로도 도움이 된다. 각 포털사이트에서 제공하는 검색어 데이터를 찾아보면서 사람들의 기호나 취향이 어떻게 분석되고 있는지 알아보는 것도 빅데이터를 쉽고 재미있게 접하는 방법이다.

빅데이터의
장애물

빅데이터를 다루는 사람의 윤리

우리 삶에 편리함을 주고 기업이나 공공기관에 없어서는 안 될 빅데이터. 그런데 빅데이터 기술은 장점만 가지고 있을까? 그 데이터들은 항상 옳은 일만 할까? 한편에서는 빅데이터에 대한 걱정의 목소리도 있다. 빅데이터의 윤리 문제를 검토해야 한다는 지적이다.

빅데이터의 본 고장인 미국에서는 이미 비판적인 목소리도 높다. 〈뉴욕타임스〉의 한 기자는 자신이 빅데이터를 매우 옹호하는 사람 중 하나였지만, 빅데이터의 인간적이지 않은 면을 보기도 했다며 빅데이터의 위험성을 지적했다. 데이터를 사용하는 사람과 빅데이터를 가공하는 사람이 문제이고, 빅데이터의 최종 장애물도 사람이라고 말했다. 아울러 빅데이터에 대한 관심은 사람을 관리하는 데 초점을 두는 것이 최종 목표여야 한다고 주장했다.

이런 면에서 빅데이터는 양날의 검과 같이 좋은 방향으로 사용할 수도, 나쁜 방향으로 사용할 수도 있다고 보면 되겠다.

미국의 경영학자 프레드릭 윈슬로 테일러는 빅데이터와 비슷한 형태의 시스템을 만든 사람이다. 그가 만든 '과학적 관리법'은 공장에서 일하는 직원들 옆에 스톱워치를 두고 근무시간 중 직원의 모든 행동을 분석하는 방식이었다. 과학적 관리법의 핵심은 직원이 정해진 시간에 정해진 동작만 하도록 요구하는 것이다. 직원의 행동을 분석해 정해진 시간에 가장 많은 양을 생산할 수 있는 가장 효과적이고 과학적 관리 방법을 찾아냈다. 그러나 기업의 이익을 위해 사람을 기계 부속품의 일부로 만든다는 평가를 받았고 끊임없이 비판의 대상이 되었다.

기업이나 공공기관에서 사람들의 디지털 행동 기록을 집단의 이익을 위해 사용할 수도 있다. 마음만 먹으면 사소한 것까지 모두 감시하는 빅브라더, 즉 개인의 정보를 독점해 사회를 통제하는 힘으로 빅데이터 기술이 악용되지 않도록 유의해야 한다.

데이터 과학자 클라우디아 펠리히는 데이터로 인해 어떤

것도 할 수 없는 바보가 될 수 있다고 주장했고 자신도 빅데이터 거품이 두렵다고 밝혔다. 스스로를 '데이터 과학자'라고 하면서 빅데이터를 제대로 활용하지 못하거나 나쁜 방향으로 이용하는 사람들이 무수히 많이 생길 것을 염려했기 때문이다.

그러므로 빅데이터를 다루는 사람은 인간으로서 반드시 지켜야 할 윤리와 바람직한 행동을 하도록 올바른 가치관을 지녀야 한다. 어떤 문제를 해결하기 위해 빅데이터를 이용하는 사람이 윤리에 어긋난 행위를 할 경우 심각한 문제가 발생할 수 있기 때문이다.

2011년 맥킨지연구소 보고서에는 앞으로 컨설팅 업계에서만 심층분석 전문가가 약 14만~19만 명 정도가 필요하며, 기업에서 활약할 데이터 관리자는 약 150만 명 이상이 나올 것으로 내다보았다. 빅데이터의 큰 영향력 때문에 각 기업에서 데이터 전문가를 많이 뽑는다면 실력 없이 명함만 데이터 과학자인 사람도 많아질 거라고도 예측했다. 악의적인 데이터 전문가, 무능한 데이터 과학자, 데이터를 이해하지 못하는 관리자 등은 빅데이터의 힘을 잃게 하는 동시에 수많은 위험에 노출되는 원인이 된다.

하버드비즈니스스쿨(하버드대학 경영대학원) 토머스 H.

데이븐포트 교수는 빅데이터 프로젝트를 진행하기 위해 필요한 질문을 다음과 같이 만들었다고 한다.

- 어떻게 문제를 정의할 것인가?
- 무엇이 내게 필요한가?
- 어디서 빅데이터를 가져올 것인가?
- 데이터를 공급받는 모델 뒤에 무슨 가정을 설정할 것인가?
- 모델은 현실과 얼마나 다른가?

이 질문은 데이터 과학자가 아니더라도 데이터를 다루는 기업이나 관리자에게 중요한 질문이라고 할 수 있다.

페이스북은 가입자가 입력한 개인정보와 검색하고 클릭한 기록을 수집한다. 이 데이터를 통해 '알 수도 있는 사람'이라는 친구추천 항목을 제공한다. 페이스북 친구추천은 실제로 알고 있는 사람을 추천해주기도 해서 매우 편리하지만, 한편으로는 추천되는 사람을 어떻게 알아내서 보여주는 걸까 하고 섬뜩하게 느껴질 때도 있다. 여러 검색 서비스도 비슷하지만 페이스북이나 구글은 윤리적인 면보다 편리와 기술의 완성을 더 중요하게 보고 결과를 낸다.

데이터 과학자는 빅데이터를 통해 행동의 고리를 창조하는 모델을 만들어낸다. 모델은 예측하는 게 아니라 의도된 선택을 유도하는 것이다. 모델을 만드는 사람들이 수학

모델 개발 작업에 인간적인 윤리와 도덕을 더 깊이 생각한다면 사회는 빅데이터의 혜택을 더욱 폭넓게 누릴 수 있다. 또한 데이터를 활용하는 기업과 공공기관이 선한 뜻을 지킬 때 빅데이터의 숨은 능력이 발휘되어 그 효과를 나타낼 것이다.

빅데이터 기술을 도입하지 않는 기업도 있다

빅데이터를 사용하지 않는 기업은 대부분 보안과 개인정보 유출을 걱정하기 때문이라고 볼 수 있다. 그 외에 또 다른 위험 가능성과 이익에 대한 방해요소가 있는데, 크게 세 가지로 꼽는다.

첫째, 전문가가 부족하다는 점이다. 현재 빅데이터 전문가가 있는 기업은 드물며, 짧은 기간 안에 전문가 집단을 꾸리는 것은 무척 어려운 일이다.

둘째, 회사의 정보가 각 분야별로 나뉘어 흩어져 있기 때문이다. 빅데이터는 확보할 수 있는 최대한의 데이터를 수집하는 일이 관건이다. 기업 안에서 경쟁이 매우 치열하거나, 어떤 일에 반대 성향이 심하거나 획기적인 변화를 싫어해서 정보 공유를 꺼리며 받은 정보를 잘 활용하지 않는 기업도 있다. 기업의 내부 부서 간 장벽이 너무 커서 정보를 공유하지 않고, 서로 힘싸움을 하는 것을 '사일로 현상'

이라고 한다. 사일로는 큰 탑 모양의 곡식 저장고를 의미하는데, 겉으로 봤을 때 같아 보이지만 이쪽은 쌀 저장고이고 저쪽은 밀 저장고인 것처럼, 완전히 다른 일을 하기 때문에 서로 소통하지 않는다는 점을 비유한 표현이다. 주로 대기업에서 나타나는 현상이지만, 어느 회사든 조금씩은 이런 경향이 있다.

사일로 현상
곡식이나 사료를 저장해두는 창고처럼 겉으로는 같은 역할을 하지만, 실제로는 다른 조직과 담을 쌓고 소통하지 않으려 하는 현상

셋째, 섀도 IT, 말 그대로 그림자 IT 때문이다. IT 담당 부서가 정보를 공유받지 못한 채 활동 부서가 곧바로 일을 추진해서 생기는 현상이다. 이때 성과가 발생한다면 IT 부

서가 그 성과의 효율을 더욱 높일 수 있겠지만 정보가 부족해 아무런 영향을 끼치지 못하고 만다.

따라서 기업 경영자는 빅데이터 분석에 투자를 시작하기 전에 기업의 조직문화를 제대로 파악하고 현실을 솔직하게 평가할 수 있어야 한다. 그때 비로소 빅데이터의 힘이 크게 발휘된다.

사람들이 컴퓨터의 추천을 믿을까?

사람들이 데이터를 믿는다면 컴퓨터로 분석한 문제해결 방법을 행동에 옮길 것이다. 이런 일이 반복되면 어떤 일을 결정하거나 작업을 바꾸는 과정이 컴퓨터의 판단으로 변화될 것이다. 기업의 의사결정이 빅데이터의 분석에 따라 이루어진다면 오류나 오차를 최소화할 수 있다. 하지만 실패가 반복된다면 어떻게 해야 할까?

빅데이터는 무한한 잠재력을 가진 강력한 무기임이 분명하다. 그러므로 빅데이터를 바탕으로 기업은 상품을 팔고 잘못된 것을 바꾸며 어려운 일을 관리하는 능력을 발휘할 수 있다. 사회는 복지를 위한 더 좋은 효과를 제공할 수 있으며 국가는 행정과 안보를 성공적으로 이끌어낼 수 있다. 이렇듯 많은 사람이 빅데이터에 주목하는 이유가 있다. 데이터 기반에 의한 과학적 분석이 사람의 감보다 더

앞선다는 생각 때문이다. 그러나 여러 가지 데이터 중에서 통계나 평균치를 내는 것은 컴퓨터가 분명하지만 그것을 선택하고 관리하는 것은 사람이라는 사실을 염두에 두어야 한다.

가상 인터뷰! 데이터 과학자에게 묻다

Q. 데이터 과학이란 무엇이고, 데이터 과학자는 어떤 일을 하는 사람인가요?

A. 조금 어렵지만 최대한 쉽게 풀어서 말씀드리겠습니다. 데이터 과학은 자신이 발견하거나 해결하고 싶은 문제를 측정이 가능한 형식으로 데이터를 만드는 일입니다. 이것을 통해 의미 있는 형식을 발견하고 문제를 해결하는 것이지요. 데이터 과학자는 데이터를 정리하고 분석하며 체계를 이루는 사람인데, 전문지식이 없는 사람에게도 쉽게 전달할 수 있도록 분석 결과를 만들어야 합니다.

Q. 빅데이터 과학자의 연봉은 얼마나 되는지요?

A. 2016년 미국 노동 통계청 자료에 의하면 약 11만 8천

달러, 한국 돈으로 약 1억 3,300만 원 정도입니다. 당시에도 매우 높은 소득이었고 앞으로도 꾸준하게 계속 성장할 직업이지요. 미국 노동 통계청은 데이터 과학 분야의 일자리가 2024년까지 최대 11% 정도 증가할 것으로 전망하고 있습니다.

Q. 빅데이터 과학자가 되는 방법을 알려주세요.

A. 여러 가지가 있는데, 가장 기본은 관련된 학위를 따는 것입니다. 전문 교육기관에서 훈련을 받아도 기본 자격을 갖출 수 있습니다. 본인이 일하기를 원하는 업체나 회사에서 사용하는 필수 소프트웨어를 미리 파악해두는 것도 좋지만, 마케팅이나 추가 교육을 통해 전문성을 갖추는 것이 중요합니다. 관련된 자격증을 따거나 더 깊은 공부를 통해서 데이터 과학자로서 성장하는 것 또한 중요합니다.

Q. 데이터 과학자가 왜 중요하다고 생각하시나요?

A. 페이스북이나 트위터 같은 SNS 등 통신 환경이 급속도로 발전해 빅데이터가 만들어지기 때문에 데이터 과학자의 필요성과 중요성이 더 커졌다고 봅니다. 많은 양의 데이터를 수집하지만 분석이 수월하지는 않습니다. 빅데이터의 양이 너무나 거대하여 정리하고 분석하는 일이 복잡하

기 때문입니다. 세계는 데이터 과학자의 중요성을 알고 활용하는 일에 집중하고 있습니다. 한국에도 데이터 과학자가 많이 생겨났는데 빅데이터 시대에 잘 대처하는 걸로 알고 있습니다.

Q. "스몰데이터로 시작하라!"라는 말은 무슨 뜻일까요?

A. 초점을 문제해결에 맞추면 많은 데이터가 필요하지 않습니다. 적은 데이터로 시작해서 필요한 데이터를 하나씩 늘려나가는 방법으로, 주변에 있는 도구를 이용해 시작하는 것입니다. 엑셀로 시작하는 것은 어떨까요? 모든 분석이 가능합니다. 고급 도구인 R을 알아두면 더 좋겠지요.

Q. 간단한 분석 기법으로 시작하려면 어떻게 하면 될까요?

A. 통계나 복잡한 수학 공식은 필수가 아니지만, 대부분의 문제는 간단한 통계 기법으로 해결할 수 있습니다. 만약 데이터 과학자가 되고 싶다면 수학 공부를 열심히 해두는 것이 좋겠지요?

Q. 데이터 과학자의 자세는 무엇일까요?

A. 확실하지 않은 것과 싸울 준비가 되어 있어야 합니다. 데이터 분석은 끝이 없고 확실한 것만 존재하는 것은 아니

기 때문입니다. 완벽하게 알려는 욕심을 내려놓고 알아가는 과정을 즐긴다면 더 행복한 데이터 과학자로 살아갈 수 있다고 봅니다.

데이터 과학자에게 기술은 중요합니다만, 그것은 도구일 뿐입니다. 가장 중요한 것은 마음가짐입니다. 데이터 과학을 시작하는 마음가짐을 데이터 마인드라고 합니다. 데이터 마인드는 데이터로 표현할 수 있는 모든 것에 항상 관심을 갖습니다. 데이터를 사용하여 문제를 더 쉽게 해결할 수 있도록 늘 고민하는 자세인데 데이터 과학에서 중요한 부분이라고 생각합니다.

Q. 빅데이터에 있어 한국은 세상에서 가장 흥미로운 나라라고 하는데, 이유가 무엇일까요?

A. 한국은 세계 어느 나라보다 빅데이터가 많이 만들어지고 사용되는 나라이기 때문입니다. 특히 통신이나 모바일 기기가 많이 퍼져 있지요. 문자 메시지를 보내고, 온라인에서 물건을 사고, 스마트폰으로 위치정보를 보낼 때마다 만들어지는 디지털 정보는 모두 어딘가에 저장됩니다. 한국이 흥미롭다고 말하는 이유는 많은 데이터를 모으고 분석하는 기술로 세상을 새롭게 이해하기 때문이라고 봅니다.

Q. 빅데이터를 활용하면 우리는 미래에 어떤 모습으로 살아가게 될까요?

A. 새로운 기술이 처음 소개될 때는 기대감이 급격하게 높아졌다가 문제점이나 한계에 부딪히면 곧 실망하고 관심이 줄어들기도 합니다. 그러나 시간이 흐르고 성숙한 시장이 만들어지면 새 기술은 다시 주목을 받으면서 본격적으로 보급되기도 합니다. 빅데이터를 가지고 일정한 어떤 유형을 분석하는 작업을 현실 마이닝(Reality Mining)이라고 합니다. 컴퓨터와 처리기술이 발달하면서 디지털 환경에서 만들어지는 빅데이터와 이 데이터를 바탕으로 분석할 경우 질병이나 사회현상의 변화에 대해 새롭게 발견할 가능성이 커졌습니다. 그러므로 엄청나게 많은 개인의 이야기를 다양하게 들려줄 수 있게 될 것이며, 빅데이터를 통해서 사람들의 행동을 미리 예측할 수 있는 세상에서 살게 될 거라고 봅니다.

2장
내가 빅데이터 전문가가
되기까지

빅데이터 관련 직업에는 무엇이 있을까?

대형병원 연구소 빅데이터 연구원의 하루

빅데이터 관련 직업에 대해 알아보기 전에, 먼저 빅데이터 전문가는 어떻게 일하는지 한 사람의 일상을 통해 알아보자.

K씨는 대학에서 컴퓨터과학과를 졸업했고 직업 연구원으로서 연구소에 다니고 있다. 그는 대학원에서 데이터 과학에 대해 공부하고 있는 빅데이터 전문가이다. 연구소에서는 의료 빅데이터를 이용한 데이터를 분석하는 일과 IT 개발을 진행한다. 정밀의료 인공지능 프로젝트와 신약 개발을 위해 공통 데이터 모델(CDM) 기초를 마련하는 일이 주된 업무이다.

그는 출근을 해서 그날 일을 체크하는 것으로 하루를 시작한다. 체크리스트를 통해서 어제 놓친 일과 오늘 진행할 일을 계획한다. 오전에는 각 파트별 업무 진행상황과 중심이 되는 문제를 공유하는 미팅에 참석한다. 미팅을 마친 뒤에는 프로그래밍 언어인 파이썬(Python)을 통해 의료 데이터를 처리하고 예측 모델을 만들어 학습시키는 일을 한다. 오전 업무를 처리하다 보면 어느새 점심시간이 된다. 동료들과 대화를 나누면서 여유로운 점심을 먹는다.

오후에는 학회에 제출할 논문 자료를 정리한다. 그런 다음 다시 일을 시작하는데, 빅데이터 분석을 위한 오픈소스 프로그램인 R로 의료 데이터를 처리한다. 새로운 약 개발 플랫폼을 개발하고 한 달에 한 번 진행되는 연구미팅에 참석하는데, 각자 맡은 파트에 대해 강의하는 방식으로 진행된다.

퇴근시간이 다가오면 아침에 메모한 하루 업무 목록을 살피고 완료 여부를 체크한다. 그날 중요한 회의에 참석했다면 회의 내용을 정리하여 관련된 사람들에게 메일을 보낸다.

이렇게 빅데이터 전문가는 직장인으로서 자기 업무에 집중하고, 전문가로서 자기 능력을 계발하기 위해 끊임없이 노력한다. 빅데이터는 디지털 환경에서 만들어지는 모든 데이터를 의미한다. 크기가 거대하지만 만들어지는 주기가 짧고, 수치로 나타내며 문자와 영상 데이터를 포함한다. 인터넷을 쇼핑하면서 남긴 흔적을 분석하여 그 데이터를 기반으로 맞춤형 광고를 제공하거나 제공받기도 한다. 자신이 방문했던 인터넷 사이트가 광고로 뜨는 것 모두가 빅데이터를 바탕으로 만들어진 것이다. 그러므로 빅데이터를 다루는 전문가는 계속 생성되고 변화하는 데이터를 다룰 수 있도록 끊임없이 연구하고 학습해야 한다.

빅데이터는 4차 산업혁명의 핵심기술이 모두 모여 있다고 할 만큼 미래의 직업 중에 유망한 업종으로 꼽힌다. 빅데이터에 관련된 직업은 크게 빅데이터 전문가와 빅데이터 분석가로 나눌 수 있다.

빅데이터 전문가

빅데이터 전문가는 다양한 데이터를 모으고 저장한다. 이렇게 모은 데이터를 분석하고 눈에 보이도록 하여 필요한 곳에 정보를 제공하는 일을 담당한다. 또한 기업에 도움이 되는 데이터 정보를 만들어 제공하는데, 모든 분야의 기업에서 데이터를 이용하고 분석하여 기업 마케팅 자료로 활용하도록 한다.

빅데이터 전문가의 직업은 정보통신기술(ICT) 분야의

컴퓨터 시스템 설계 분석가, 시스템 소프트웨어 개발자, 응용 소프트웨어 개발자 등이 있다. 빅데이터를 통해 더 많은 정보를 제공할 수 있기 때문에 좋은 마케팅을 할 수 있는 바탕이 되도록 한다.

① 컴퓨터 시스템 설계 분석가

컴퓨터 시스템 설계 분석가는 어떤 조직을 효율적으로 운영하는 데 필요한 정보시스템을 마련하기 위해 이용자의 요구사항, 사용 환경이나 기술특성 등을 분석하는 일을 한다. 최신 정보통신기술을 이용하여 시스템을 설계하며, 이모든 것을 완성하고 사용되기까지 관련된 업무를 맡는다.

- **관련 학과:** 산업공학과, 전자공학과, 제어계측공학과, 컴퓨터공학과
- **관련 자격:** DB2(외국), 전자계산기기능사·기사(국가자격), 전자계산조직응용기사(국가자격), 정보관리기술사(국가자격)
- **그밖에 필요한 능력:** 하드웨어, 컴퓨터 운영체제(OS)와 서버, 프로그래밍 언어, 데이터베이스, 보안 등 컴퓨터에 대한 모든 지식과 기술을 갖추어야 한다.

② 시스템 소프트웨어 개발자

　시스템 소프트웨어 개발자는 컴퓨터 시스템의 동작과 제어와 관리에 관련된 시스템 소프트웨어를 개발하는 일을 한다. 이 직업은 개발과 설계에 필요한 프로그래밍 언어뿐만 아니라 각종 운영체제, 장비의 전자신호 등에 대한 충분한 이해가 필요하다.

- **관련 학과:** 공학교육과, 물리·과학과, 수학과, 응용소프트웨어공학과, 전자공학과, 정보·통신공학과, 제어계측공학과, 컴퓨터공학과, 통계학과

- **관련 자격:** MCSD(외국), MCSE(외국), SCJP(외국), 전자계산기조직응용기사(국가자격), 정보처리기능사·산업기사·기사(국가자격)

- **관련 직업:** 컴퓨터 시스템 설계 및 분석가, 응용 소프트웨어 개발자, 컴퓨터 프로그래머, 디지털 영상처리 전문가, 가상(증강)현실 전문가, 음성처리 전문가, 게임 프로그래머, 모바일 앱 개발자, 데이터베이스 개발자, 빅데이터 분석가, 네트워크 관리자(클라우딩 컴퓨터 운영관리자), 네트워크 엔지니어, 컴퓨터 보안 전문가, 웹엔지니어, 웹프로그래머, 웹마스터(운영자), 정보시스템 운영자, 통신장비기사, 방송송출장비기사, 컴퓨터

시스템 감리 전문가, IT 기술지원 전문가, 정보통신 컨설턴트, MIS 전문가(경영정보 시스템 개발자)

③ 응용 소프트웨어 개발자

응용 소프트웨어 개발자는 응용 소프트웨어를 개발하기 위하여 델파이(Delphi), 파워빌더(PowerBuilder) 같은 개발용 도구를 설계하고 개발한다. 네트워크 시스템에서 운영되는 네트워크 프로토콜 처리에 관련된 소프트웨어를 설계하고 개발하며 정보보호에 필요한 방화벽, 인증, 인가 관련 소프트웨어를 설계하고 개발한다.

- **관련 학과:** 공학교육과, 물리·과학과, 수학과, 응용소프트웨어공학과, 전자공학과, 정보·통신공학과, 제어계측공학과, 컴퓨터공학과, 통계학과
- **관련 자격:** 국가기술자격으로 컴퓨터시스템응용기술사, 정보처리기능사·산업기사·기사가 있다. 해외 민간 기업의 자격증으로는 OCP, SCJP, CCNA 자격증이 있으며, 민간 자격증이지만 국제적으로 권위가 인정되고 업계에서 통용되어 국내와 해외 취업에 도움이 된다. 관련 학과를 전공하지 않았다면 정보통신 관련 사설 교육기관이나 직업훈련학교에서 전문가 양성과정을

통해 관련 교육을 받을 수 있다.

빅데이터 분석가

빅데이터 분석가는 수많은 데이터 속에서 유행과 경향을 읽어내고 부가가치가 높은 결과물을 만들어내는 일을 담당한다. 또한 빅데이터를 관리하고 분석하여 사람들의 반복되는 행동이나 시장경제 상황을 예측하기도 한다. 세계 각 기업이나 분야별 시장 상황을 수시로 빠르게 파악하는 능력과 예측하는 능력과 기술이 필요하다. 구체적으로는 데이터 수집, 데이터 저장 및 분석, 데이터 시각화 등을 통한 정보제공을 담당한다.

- **관련 학과:** 통계학, 컴퓨터공학, 산업공학, 경영학, 마케팅 분야인데, 인문학 전공자라면 통계학 공부를 꾸준히 해보는 것이 좋다.

빅데이터와 관련한 직업을 가지려면

빅데이터 분야의 직업을 가지려면 그 분야에 관련된 공부를 해야 빅데이터 개발 업무를 수행할 수 있다. 우선 빅데이터를 분석하는 방법은 마이닝(데이터 마이닝, 텍스트 마이닝, 오피니언 마이닝), 계량정보 분석(계량서지학, 계량정보학, 웹계량화), 네트워크 분석(사회 네트워크 분석, 지식 네트워크 분석, 언어 네트워크 분석), 복잡계기법 분석(복잡계 네트워크 분석, 행위자 기반 모형, 시스템 다이나믹스), 클러스터 분석(비슷한 특성을 가진 개체를 합해서 유사그룹을 발굴) 방법이 있으며, 이를 활용할 수 있는 기술을 배워야 한다. 빅데이터와 관련된 새로운 기술, 유행, 트렌드를 수시로 파악하는 것도 중요하다.

미래 사회는 빅데이터 전문가를 필요로 하는 기업과 업체가 많아질 것으로 전망된다. 투자 비중이 높을 것으로 예상되는 산업은 금융, 제조, 정부와 공공·전문 서비스 분야이다. 경영학, 통계학, 컴퓨터공학 등 다양한 분야에서 일한다면 발전 가능성이 크므로 빅데이터 전문가 직업의 전망도 밝다고 본다.

빅데이터를 활용한 회사들

제4차 산업혁명 시대에 들어 빅데이터의 활용은 기업 경영에 꼭 필요한 기본요소가 되었다. 그중 빅데이터를 잘 활용하여 성장한 대표적인 기업은 어디일까?

구글은 빅데이터를 활용한 기업 중에 가장 대표적인 곳이다. 데이터의 양이 많을수록 정보를 더 많이 얻을 수 있고 품질도 더 높아진다는 점은 검색결과를 보면 알 수 있다. 특히 구글은 통계적 번역 기술을 이용한 번역기를 개발했다. 이 기술은 사람들이 사용하는 수많은 단어나 문장 중에 자주 쓰는 형식을 찾아내고 조사하여, 언어 사이의 번역 규칙을 인공지능이 스스로 발견하게 하는 방법이다. 그러므로 참고할 문서가 많아질수록 번역이 더 정확해진다.

세계적인 온라인 쇼핑몰 기업 아마존은 빅데이터를 아주 잘 활용하는 기업으로, 그들은 고객의 상품 구매 경향을 분석한다. 어떤 물건을 구매한 고객이 추가로 구입할 것을 예측해 다른 상품을 추천하고 할인 쿠폰까지 준다. 또 고객이 구매하기 전에 배송을 준비하는 예측배송 서비스도 제공한다. 고객이 상품을 구입하지 않은 상황에서 고객의 주소 근처에 위치한 물류 창고로 배송을 시작한다. 이것은 기존에 구입한 내역과 검색 내역 등을 참고하여 목록을 만들고 쇼핑 카트에 담아놓은 상품, 마우스 커서가 오래 머문 위치 등을 데이터에 저장해 고객에게 맞추는 시스템이다. 이 모든 것이 빅데이터 분석으로 가능한 일이다.

유튜브는 어떤가? 유튜브 이용자들은 하루에 40억 회 이상 동영상을 검색한다고 알려져 있다. 사용자 개개인이 동영상을 시청한 정보가 쌓이면, 이 데이터를 통해 그 사람에게 연결된 많은 정보와 연결해 맞춤형 영상을 보여주는 방식이다. 이 시스템의 또 다른 장점은 크리에이터의 새로운 콘텐츠를 최대한 많은 사람에게 알릴 기회를 준다는 점이다. 유튜브는 2016년부터 이 분야에서 최고의 찬사를 받고 있다.

다른 플랫폼에서 글이나 영상을 알리려면 조회수가 많거나 비용을 지불해야 검색결과 상위에 올라갈 수 있지만, 유튜브는 그렇지 않다. 유튜브의 영상 추천 알고리즘은 사람들에게 반응을 얻고 꾸준히 영상을 올리는 크리에이터의 콘텐츠를 더 많은 사람이 접하도록 보여준다. 또한 크리에이터에게 정당한 대가로 광고료를 지불한다. 운영자는 생산자가 최대한 좋은 콘텐츠를 꾸준히 만들도록 공평한 기회를 주므로, 생산자가 보다 좋은 콘텐츠를 만들기 위해 스스로 노력하도록 유도하는 방식이다. 이런 선순환 구조가 유튜브를 더 발전시키고 있다.

넷플릭스, 왓챠와 같은 OTT(Over The Top, TV 앞의 셋톱박스를 넘어선다는 의미) 서비스는 인터넷을 통해 볼 수 있는 영상 스트리밍 서비스를 말한다. 상세 정보 페이지에서 영화를 클릭하면 제목, 장르, 평점 같은 다양한 정보를 보여준다. 또 감독이나 출연진을 클릭하면 해당 인물의 정보를 간략하게 확인할 수 있다. 포스터를 클릭하면 데이터베이스에 존재하는 영화의 예고편을 보여준다. 사용자가 영화나 서비스에 대한 평점을 등록할 수도 있다. 이 정도는 기존 서비스에서도 제공하는 점인데, OTT 서비스는 빅데이터를 기반으로 하여 사용자가 선호할 가능성이 높은 영화를 추천해준다. 영화 장르, 사용자가 검색한 영화, 시청한 영화에 준 평점 등 다양한 데이터를 분석해 영화를 추천하는 방식이다.

핀테크와 관련한 빅데이터 전문가의 직업

빅데이터와 밀접한 제4차 산업혁명 시대의 주요 기술 중 하나는 바로 핀테크이다. 핀테크(Fintech)는 이름 그대로 '금융(finance)'과 '기술(technology)'이 결합된 금융서비스를 말한다. 핀테크 또한 빅데이터처럼 IT 산업을 선도하는 기술이다. 빅데이터 전문가는 핀테크 기업에서도 활약할 수 있는데, 금융과 IT 기술이 결합하여 서비스를 제공하기 때문에 IT 기술과 관련한 공부를 기본적으로 해야 한다. 관련 직업은 다음과 같다.

① 네트워크 엔지니어

여러 가지 하드웨어와 소프트웨어에 관련된 네트워크 시스템을 분석하고 설계하는 일을 한다. 관련된 업무와 네트워크가 고장 났을 때 원인을 파악하고 빠르게 복구할 대책을 마련하는 업무이다.

② 서버 시스템 엔지니어

정보기술에 관한 업무를 종합적으로 검토하고 분석한다. 전문적인 정보 시스템을 설계하고 기초를 마련하는 일이다.

③ 클라우드 아키텍처

클라우드를 기반으로 서버를 설계하고 개발하며 운영하는 관리자 역할이다. 국내 기업에서는 아마존이 개발한 AWS(Amazon Web Service) 기술을 많이 사용하며, 이 분야 취업이 늘어나고 있다.

④ 빅데이터 개발자

빅데이터 기술을 사용하여 웹사이트나 서버, 데이터베이스 환경을 만드는 일을 담당하며 네트워크에서 얻은 빅데이터를 분석하고 처리하는 업무도 진행한다.

⑤ 앱(Application) 개발자

모바일과 스마트폰에서 사용하는 여러 가지 어플을 개발하는데, 작동 과정이 복잡한 내용을 컴퓨터가 인식할 수 있는 언어로 설계하여 편리를 제공한다.

⑥ 웹 개발자

인터넷 웹 페이지와 웹사이트를 기반으로 소프트웨어 개발자와 소프트웨어 엔지니어가 있다.

⑦ 정보보안 전문가

외부에서 위협하는 IT 기술 각 분야를 보호하는 업무를 담당한다. 모의해킹, 취약점 분석, 보안 관제, 침해 대응, 악성 코드 분석, 사이버 수사대(화이트 해커) 등 다양하게 나누어지므로 세부 업무는 각기 다르다.

이처럼 핀테크는 IT 정보기술을 이용한 금융 기술로, 네트워크와 보안, 프로그램과 빅데이터에 관한 많은 지식이 필요하다.

스마트 모바일 장치와 멀티미디어를 활용하면서 구글, 네이버, 트위터, 페이스북, SNS 정보, 기업의 자원관리 정보가 급격하게 늘어났다. 미래의 금융은 빅데이터로 고객의 금융 유형을 파악하며 특히 SNS 정보로 최신 금융 경향과 고객의 관심을 빠르게 파악하여 인공지능 활용으로 서비스를 제공한다. 현재 금융을 활성화시키고 있는 인터넷 은행 카카오뱅크와 케이뱅크는 빅데이터를 기반으로 한다. 빅데이터는 제4차 산업혁명의 핵심 분야이고 금융 분야는 서비스 산업의 핵심이라 할 수 있다.

금융 분야에서 강한 나라가 되려면 어떻게 해야 할까? 빅데이터를 기반으로 금융지식을 하나로 모을 수 있는 논리의 힘과 정보분석 능력을 키워야 한다. 또 금융시장에서 확실하지 않은 것을 최소화하는 역할을 해야 하는데, 그것을 빅데이터가 담당한다. 그러므로 전문가들은 미래의 금융은 빅데이터에 의해 결정될 것으로 내다보고 있다.

빅데이터
전문가 되기

빅데이터 전문가의 업무

빅데이터 전문가는 빅데이터 중에서 필요한 데이터를 찾아내고 다른 분야에 활용하는 일을 한다. 빅데이터 전문가는 빅데이터의 크기, 다양성, 속도라는 이 세 가지 특성을 통해 어떤 분야의 일을 맡아 처리한다. 그동안 쌓아온 지식과 사물을 꿰뚫어보는 능력과 일을 추진하는 능력은 정보 활용을 통하여 이루어지는데, 새로운 가치를 만들어내기까지 업무가 익숙해지도록 정보를 적극적으로 활용하고 새로운 아이디어로 빅데이터를 운영한다.

앞으로 빅데이터 분석에 대한 필요가 폭발적으로 늘어날 것으로 전망되기에 빅데이터 전문가는 대단히 유망한 직업이다. 한국에서 활동하는 빅데이터 분석가들은 네이버, 카카오 등 IT 기업이나 전문 데이터 분석업체, 공공기관 등에서 활약하고 있다. 삼성이나 LG 같은 대기업 계열사는 물론 카드회사나 금융업계 분야에서 빅데이터 전담 부서 설치를 서두르는 실정이다. 기업은 생산성을 높이고 매출 확대를 위해서, 정부는 공공기관의 서비스 효율을 높이기 위해 빅데이터를 분석하고 있다. 이외에도 정치, 경제, 사회, 교육 분야에서 빅데이터 전문가를 필요로 하고 있다.

이렇듯 여러 분야에서 빅데이터 분석가를 찾고 있다. 하지만 전문지식과 관련 교양 지식을 두루 쌓아야 하는 어려움이 있어 전문성을 가진 인력이 부족한 상황이다.

국민건강보험공단은 빅데이터 전문가를 활용하기 위해 의사 출신 의료 빅데이터 분야의 민간 전문가로 일한 김두환 씨를 빅데이터센터장으로 임용했다. 그는 건강보험공단에서 빅데이터를 활용할 영역을 찾아내고 분석하여 지원하는 역할을 맡았다. 공중보건의 수준을 높이고 더 많은 질병을 예방하기 위해 빅데이터 전문가를 기용한 것이다.

김두환 빅데이터센터장은 가정의학과 전문의 출신으로, 15년간 의료기관과 민간기업에서 일하면서 쌓은 경험을 인정받아 의학 전문기자와 빅데이터 전문가로 활동했다. 2016년 '보건의료 빅데이터 활용 창업 아이디어 공모전'에서 최우수상을 받기도 했는데, 병명을 입력하면 합병증이 진행되는 정도를 알려주고 적절하게 치료하는 약을 제공하는 서비스이다. 또 의사 커뮤니티 기업 '메디게이트'에서는 기획팀장으로서 서비스 기획과 데이터를 분석하는 업무를 담당했고, 환자의 표본 데이터를 기반으로 하는 처방 정보 서비스 '닥터게이트'를 출시해 운영했다.

빅데이터 전문가, 어떻게 준비할까?

2016년 '미래 직업에 대한 보고서'에서 빅데이터의 발달로 2020년 선진국을 비롯해 많은 나라에서 710만 개의 일자리가 사라지고 200만 개의 일자리가 새롭게 생겨난다고 발표했다. 이는 500만 개의 일자리가 줄어드는 결과이다. 그중에는 세무사 같은 전문직도 포함되었다. 기존 전문직이 사라지는 이유는 실시간 데이터 처리와 빠른 분석처리가 가능한 소프트웨어의 역할이 전문가를 대신할 것이기 때문이다.

빅데이터 산업은 초기 단계부터 수많은 산업 분야에서 혁신을 이루어 사람들의 일상과 삶을 바꾸어 놓았고 앞으로도 계속 진화할 것으로 전망한다. 따라서 빅데이터 전문가는 새로운 기술을 계속해서 익히면서 관련 자격인증을 취득하며 변화하는 세상을 이끄는 역할을 해야 한다. IT 강국인 인도의 온라인 매체 〈뉴스미닛〉의 기사를 보면 빅데이터 전문가 중 44%가 새로운 기술을 배우고 자격증을 취득해 급여를 인상받았으며, 그중에 24%는 이런 자기계발이 승진에 영향을 미쳤다고 밝혔다. 또한 이 응답자 중에 62%는 전문자격증을 취득하고 난 뒤 새로운 업무에 전보다 익숙해졌다고 대답했다.

여러 기업과 기관에서는 빅데이터 기술을 도입하기 위해 자체적으로 통합하려는 움직임이 있다. 기업 내부의 데이터 전문가는 지금까지 해오던 일의 능력보다 더 새로운 최신 기술로 업그레이드하기 위해서이다. 앞으로 이 분야의 빅데이터 전문가들은 빅데이터, 데이터 과학, 인공지능, 기계 학습과 클라우드 컴퓨팅 능력과 자신의 기술능력을 향상시킬 수 있게 될 것으로 전망한다. 왜냐하면 이 중 대다수가 기술 능력과 리더십, 직원관리 능력 개발에 관한 방법을 끊임없이 찾아 연구하고 새로운 것을 익히는 노력을 기울이기 때문이다.

높은 월급과 초고속 승진, 가능할까?

빅데이터 분석에 대한 관심이 커질수록 기업들은 자체 시스템에 빅데이터를 결합하거나 통합해 운영하는 방법을 개발하려고 한다. 그러나 현재로서는 필요한 만큼 능력 있는 인재가 충분하지 않기 때문에 해당 작업의 진행 속도는

느린 편이다. 해당 분야에서 활동하고 있더라도 기술 요건을 갖추기 위해 새로운 기술을 익혀야 할 필요가 있다.

세계데이터협회는 2018년 기준 중요한 분석법 기술을 갖춘 인재가 18만 1천여 명이 필요하다고 예측했다. 앞으로 데이터 전문가에 대한 필요가 엄청나기 때문에 전반적인 기술을 갖춘다면 더 좋은 조건에서 일할 수 있다고 전망했다. 빅데이터 활용 자격과 필수기술 능력이 있으면 고소득 일자리를 가질 수 있다. 하지만 빅데이터와 분석기술 개발능력은 쉽게 얻을 수 없다. 자격증을 취득하기 위해서는 일반 IT 직업과는 구별되는 직업부터 시작해야 한다. 또 빅데이터 구성, 데이터 과학, 빅데이터 개발, 기업 분석법과 관리 같은 과정을 공부해서 다양한 빅데이터 관련 자격증을 취득해야 한다. 이러한 수많은 과정은 전문가의 기술 수준에 따라 초보자에서부터 전문가 단계까지 세분화되어 있다. 이 분야의 전문가가 되고 싶다면 자신의 능력에 따라 차근차근 단계를 밟으며 준비하면 된다.

빅데이터 전문가
국가자격증

빅데이터 관련 국가자격증 '빅데이터 분석기사'

앞에서 다룬 바와 같이 빅데이터 전문가는 빅데이터의 세 가지 특성인 크기, 다양성, 속도를 통해 정보를 활용한다. 이를 위해서는 통찰력과 지식과 추진력을 고루 갖추어야 한다. 또한 새로운 가치를 만들어내는 업무에 익숙해지도록 정보 활용에 적극적이어야 하며, 관련한 예시나 아이디어로 빅데이터를 운영할 수 있어야 한다. 다시 말하면 웹에서 떠다니는 모든 정보를 활용할 수 있고, 사회 전반의 지식을 이해하며 여기에 가장 알맞은 아이디어를 제공하는 사람이 빅데이터 전문가이다.

적성에 맞는 진로를 선택하고 안정적인 직장을 구해 높은 연봉을 받고 싶은 마음은 직업인이라면 누구나 꿈꾸는 일이다. 그 꿈을 이루기 위해서는 직업에 필요한 전문성을 갖추어야 하며 그에 따른 비용도 많이 든다. 빅데이터 전문가와 관련된 대학원에 진학하여 더 깊게 공부하는 방법도 있고 자격증을 취득할 수도 있는데, 모두 비용이 만만치 않게 든다.

빅데이터 관련 국가자격증은 한국데이터산업진흥원에서 시행하는 '빅데이터 분석기사'가 있다. 필기시험과 실기시험이 있는데 필기에서는 빅데이터 분석 기획, 빅데이터 탐색, 빅데이터 모델링, 빅데이터 결과해석 과목을 평가한다. 실기에서는 빅데이터 분석 실무를 평가한다. 필기는 100점을 만점으로 하여 과목당 40점 이상, 전 과목 평균 60점 이상, 실기는 100점을 만점으로 하여 60점 이상을 받으면 자격증을 취득할 수 있다.

빅데이터 분석기사 응시자격

한국은 2020년 빅데이터 시장이 2조 2천억 원 규모로 성장할 것으로 예측된다. 이에 따라 빅데이터 분석기사 자격증을 취득한 전문 인력도 크게 늘어날 전망이다. 빅데이터 분석기사 자격증을 취득하기 위한 응시자격과 조건은 다음과 같다.

- 관련 학과 4년제 졸업 혹은 졸업 예정인 사람

- 관련 업무 경력 4년 이상인 사람
- 관련 분야에서 산업기사로 경력이 2년 이상인 사람
- 학점은행제 106학점 이상 취득한 사람

만약 고등학교 졸업자이거나 관련 학과를 전공하지 않거나 관련 업무를 한 사람이 아니라면, 학점은행제를 통해서 준비하는 방법도 있다. 학점은행제는 고등학교를 졸업한 사람이라면 누구나 시작할 수 있는, 교육부에서 주관하는 국가평생교육제도이다. 다른 방법에 비해 단기간으로 응시자격 준비를 할 수 있다. 또 학력이나 경력에 상관없이 해당 학점을 채우면 대학교 졸업과 응시자격이 주어진다. 또 고등학교를 졸업하고 평균 1년에서 1년 6개월, 전문대학을 졸업하고 평균 6개월에서 1년 동안 준비를 하면 빅데이터 분석기사 응시자격을 갖출 수 있다. 물론 개인차는 있다.

단기간에 응시자격을 갖추려면 학점은행제의 학점이수 방법을 통하는 방법이 있다. 학점을 이수하여 학위를 받아 응시자격을 갖추는 방법이다. 이 방법은 정규 대학보다 1/5 정도의 비용으로 학비 부담이 적다. 100% 온라인 수업으로 진행되어 일상생활이나 직장을 다니면서 진행할 수 있는 장점도 있다. 수업 출석, 과제 제출, 시험 모두 온라인으로 진행되며 시간과 공간 제약 없이 수강할 수 있으나 학점 이수에는 제한이 있다. 법적으로 대학교 졸업과 동등한 빅데이터 분석기사 응시자격을 취득할 수 있다.

학점은행제는 온라인 수업으로 진행되어 출석, 수업, 과제, 시험 등 모든 과정이 컴퓨터만 있다면 어디서든 진행을 할 수 있다. 한 과목당 2주간의 출석 기간이 주어지므로 시간과 공간 제약을 받지 않는다. 따라서 다른 학점이수 방법을 병행해도 수업을 들으면서 충분히 마칠 수 있다.

학점 이수 방법	학점 이수 내용
온라인 수업	출석, 수업, 과제, 시험 모두 100% 온라인 진행 한 과목당 3학점, 1년 최대 24학점
자격증	취득한 자격증 또는 취득 예정 자격증을 통해 학점 인정 가능
전적대 학점	2년제 졸업: 최대 80학점 3년제 졸업: 최대 120학점 4년제 중퇴: 취득한 모든 학점 이수 가능(단, F학점은 인정 불가)
독학사 시험	1~4단계 과정, 단계별 1년에 1회씩 진행 1단계 최대 20학점 / 2, 3, 4단계 각 최대 30학점

빅데이터 전문가가 되려면 빅데이터를 활용할 수 있는 지식과 기술이 필요한데, 대학에서 통계학이나 컴퓨터공학 또는 산업공학을 전공하면 기술을 갖추는 데 도움이 된다.

경영학이나 마케팅 분야의 지식과 경험을 쌓는다면 상승효과를 기대할 수 있다.

관련된 대학은 연세대학교 정보대학원과 충북대와 울산과학기술대 석사과정, 이화여대 석·박사 통합과정, 한국과학기술원(KAIST), 국민대 빅데이터 교육과정, 을지대 빅데이터의료융합학과에서 공부할 수 있다. 서강대학교와 한국데이터베이스진흥원에도 교육과정이 있다. 한국장학진흥원은 선착순 5천 명 빅데이터 전문가와 코딩지도사 자격증 강좌 무료수강 이벤트를 열기도 했는데, 이 평생교육원은 교육기부사업 프로젝트에서 최우수교육원으로 선정된 온라인 자격증 교육기관이다.

빅데이터 관련 여러 가지 자격증

빅데이터 전문가 관련 자격증은 여러 가지가 있다. 이 자격증을 따기 위해서는 부단한 노력을 기울여야 한다. 다른 자격증에 비해 따기가 어렵지만 취득만 한다면 관련 업계에서 실력을 인정을 받을 수 있다. 데이터 관련 자격증을 취득하도록 주관하는 전문 기관도 많이 있다.

빅데이터 전문가 자격증을 정리하면 다음과 같다.

자격증 명칭과 설명

약칭	자격증 명칭	설명
DAP	Data Architecture Professional	국가공인 데이터 아키텍처 전문가
DAsP	Data Architecture Semi-Professional	데이터 아키텍처 준전문가
SQLP	SQL Professional	국가공인 SQL 전문가
SQLD	SQL Developer	국가공인 SQL 개발자
ADP	Advanced Data Analytics Professional	국가공인 데이터 분석 전문가
ADsP	Advanced Data Analytics Semi-Professional	국가공인 데이터 분석 준전문가

개발자 쪽에 관심이 많다면 SQLP를 먼저 취득하고, 분석 쪽에 관심이 많다면 ADP를 먼저 취득하는 게 좋다. SQLP, DAP, ADP를 순서대로 취득하는 방법이 가장 좋다. 왜냐하면 개발자뿐 아니라 데이터베이스 전문가로서 컨설팅이나 모델링에서 고액 연봉을 받을 수 있기 때문이다. 학사나 박사 학위, 실무 경력을 필요로 하는 경우가 많으므로 대략적으로만 알아보자.

데이터 아키텍처 자격증 – DAP(국가공인), DAsP

데이터 아키텍처(DA, Data Architecture)는 기업의 모든 업무를 처음부터 끝까지 데이터로 통일하여 구성하는 일이다. 마치 건축물의 설계도처럼 기업(기관)의 전체 업무 및 조직과 데이터의 상관관계를 종합적으로 표현한 정보기술 설계도를 말한다.

관련 자격증으로 데이터 아키텍처 전문가와 데이터 아키텍처 준전문가가 있다.

먼저 데이터 아키텍처 전문가(DAP, Data Architecture Professional)는 하드웨어 소프트웨어 모든 컴퓨터를 설계하고 효과적인 데이터 품질관리 지식을 바탕으로 데이터 요건 분석, 데이터 표준화, 데이터 모델링, 데이터베이스 설계와 이용에 관한 일을 한다. 국가공인 자격증이다.

데이터 아키텍처 준전문가(DAsP)는 데이터에 대해 표준을 만들고 관리하는 일을 한다. 논리 모델링과 데이터 품질에 관련된 일이나 컨설팅 분야에서 일할 수 있다. 실기시험은 모델링을 직접 해야 하므로 자격증 취득에 어려움을 많이 겪는 편이다.

SQL 자격증 – SQLP(국가공인), SQDP(국가공인)

소프트웨어를 작성하기 위한 프로그래밍 언어는 많은 종

류가 있지만, 데이터베이스는 SQL에 의해서만 접근이 가능한 필수 언어다. SQL 활용능력을 검증하기 위해 한국데이터산업진흥원이 실시하는 국가공인 자격증으로, 난이도에 따라 SQL 전문가(SQLP)와 SQL 개발자(SQDP)로 나뉘어 있다. 데이터모델링, SQL기본과 활용, SQL고급튜닝과 활용 등의 과목으로 구성되어 있다. 데이터모델링에 기본 지식을 바탕으로 SQL을 작성하고 성능을 최적화하며 그 상태를 유지하도록 데이터베이스를 설계하기 위해 전문지식과 업무능력을 필수로 한다.

데이터 분석 전문가 – ADP(국가공인), ADsP(국가공인)

데이터 분석 전문가 필기시험은 관련 학과를 전공하지 않은 사람이나 학생을 기준으로 ADsP(데이터 분석 준전문가) 시험을 통과하면 시험 자격이 주어진다. 필기시험은 준전문가 세 과목에 '데이터 처리기술의 이해'와 '데이터 시각화' 두 과목이 더 추가되어 총 다섯 과목을 준비해야 하므로 분량이 많다.

'데이터 처리기술의 이해' 과목은 생소한 용어와 암기할 부분이 많아 시간이 필요하다. '데이터 시각화 기술' 과목은 출제 문제가 10문제나 되므로 시험을 대비하는 데 공부할 분량이 많다. 뿐만 아니라 ADsP의 시험 과목인 데이터 분석 부분도 새로운 시험 범위가 추가되어 공부할 분량이 확실히 많은 편이다.

이외에도 무료로 교육을 받고 민간자격증을 취득하는 방법도 있다. 한국사이버진흥원은 정식으로 등록된 기관으로, 이력서에 기록할 수 있는 56종의 자격증을 운영하고 있다. 수업 과정은 100% 온라인으로 수강하기 때문에 비용 부담도 적다. 고등학교 이상 졸업한 경우라면 출석이 60% 이상이어야 하고, 합격 기준 점수는 60점 이상이다. 성실하게 출석하고 꾸준히 수업을 들으면 문제없이 받을 수 있는 점수이다.

빅데이터 전문가로
취업하는 방법

나도 빅데이터 전문가로 취업이 가능할까?

몇 년 전까지만 해도 빅데이터는 많은 사람에게 생소한 용어였다. 하지만 현재는 빅데이터 전문가라는 직업이 주목을 받고 있으며, IT 분야 중에서도 세분화되어 전문화되고 있다. 그러다 보니 빅데이터 전문가로 취업하는 방법을 궁금해하는 사람들이 늘고 있다. 특히 통계학이나 빅데이터 전문가에 관련된 과목을 공부한 경험이 없는 전공자는 빅데이터 전문가의 취업에 대해 궁금한 점이 더 많다.

빅데이터 전문가는 수많은 데이터 중에서 사람들이 어떤 일을 하고 무엇에 관심을 갖고 있으며 어떤 행동을 하는지를 분석해 그 데이터의 의미를 찾아내는 일을 한다. 그러므로 기업은 이를 이용해 소비의 경향을 파악하고 제품을 내놓기 위해 빅데이터 전문가를 필요로 한다. 관련 학과나 전공자가 늘어나고 있지만, 인력을 필요로 하는 회사가 더 많기 때문에 데이터 전문가는 현재 부족한 상황이다.

빅데이터 전문가 취업을 위하여

빅데이터 분석 업무를 진행하다 보면 소프트웨어 공부를 추가로 하게 된다. 그 이유는 개발자로 직장을 옮기는 경우가 있고, 처음부터 개발자로 취업하는 경우도 있기 때문이다. 분석과 개발을 모두 다루는 전문가가 있기도 하다. 그러므로 빅데이터 전문가는 수많은 데이터를 저장하고 마케팅에 활용하는 단순한 일보다 IT에 더 가까운 일을 한다. 자바나 프로그래밍을 기반으로 빅데이터 소프트웨어를 개발하는 개발자를 떠올리면 된다.

IT 업계에서는 C언어와 자료구조, 자바와 JSP 등의 프로그래밍 언어 공부가 개발자의 기본이다. 이것이 바탕이 되어 하둡 운영 시스템의 리눅스에 대한 이해와 네트워크에 대한 공부를 필수로 해야 한다.

개발자와 분석가는 방향이 비슷하지만 추가로 준비해야하는 것에 명확한 차이가 있다. 그러므로 빅데이터 전문가로 취업하기를 원한다면 개인의 상황을 객관적인 눈으로 판단하고 앞으로 어떤 방향으로 진로를 설정하고 나가야 할지 체계적으로 정리하고 계획하는 게 좋다.

빅데이터 전문가 취업 방법

빅데이터 전문가는 기본으로 학력 조건이 많이 요구된다. 전공 학사과정은 물론, 석사과정도 필수로 생각하며 박사과정을 추천하기도 한다.

빅데이터 전문가는 왜 높은 학력이 요구되는 것일까? 빅데이터 분야는 둘 이상의 학문이 복합적으로 관계된 융합 학문이기 때문이다. 특히 수학, 통계학, 경영학, 컴퓨터공학, 산업공학 등 여러 분야의 지식이 서로 연관되어 있으므로 빅데이터 분야에서 그 엄청난 역할을 감당하려면 전문적인 공부가 많이 필요하다.

빅데이터 전문가 분야는 특성상 관련 지식이 빠르게 변화하는 산업이므로 끊임없이 출간되는 수학과 통계 분야의 논문을 읽고 이해할 수 있어야 한다. 첫 번째 이유는 그 분야에 맞는 기술과 정보를 지속적으로 업데이트해야 하기 때문이다. 두 번째 이유는 해당하는 직업군에서 뒤처지지 않기 위해서이다.

그렇다면 반드시 박사 과정을 공부해야만 빅데이터 전문가가 될 수 있는 것일까? 꼭 그렇지는 않다. 취업 사이트에 들어가 검색을 하면 신입사원이나 대졸 이상 학력을 뽑는 기업이 많이 있다. 보통 데이터 관련 소프트웨어 개발이나 시스템 개발과 유지 보수 관련된 업무에서 필요로 한다. 해당 회사에 지원하여 실무경력을 쌓으며 기술을 업그레이드한 뒤에 빅데이터 분야로 넘어가는 방법을 선택해도 된다. 그렇다고 2~3년 경력으로 빅데이터 전문가가 될 수 있는 것은 아니지만, 아주 불가능한 일은 아니다. 회사에서 요구하는 기술을 차근차근 쌓고 모든 조건이 채워지면 경력 사원이 되어 빅데이터 전문가로 취업할 수 있다.

수학과 통계학, 그 외에 어떤 지식이 더 필요할까?

빅데이터 전문가는 기본적으로 프로그래밍을 통해 데이터를 수집하고 분류하여 눈에 보이도록 시각화하기 때문에 파이썬, R, 하둡, SQL에 대한 기본 지식을 필요로 한다.

파이썬(Python)은 프로그래밍 언어로, 구글이나 야후 같은 유명 기업에서도 사용한다. 라이브러리도 풍부해서 Web, GUI 애플리케이션 작성도 가능하다. 파이썬을 통해 웹개발 실습을 경험하여 파이썬 문법과 기능을 익히면 도움이 된다.

R은 오픈소스 프로그램으로, 통계·데이터 마이닝·그래프를 위한 언어이다. 연구나 산업별 응용 프로그램으로 많이 사용된다. 최근에는 특히 기업에서 많이 사용하기 시작

했는데, 빅데이터 분석을 목적으로 주목을 받고 5천 개가 넘는 패키지(일종의 애플리케이션)들이 다양한 기능을 지원하며 수시로 업데이트되고 있다.

하둡(Hadoop)은 대량의 자료를 처리할 수 있는데, 핵심 구성은 저장과 계산이다. 가장 큰 특성은 분산처리와 분산저장이다. 여러 개의 컴퓨터를 마치 하나인 것처럼 묶어 주는 기술을 통해 저장 공간과 계산 능력을 늘릴 수 있다.

SQL은 데이터베이스를 위한 필수 언어이다. 회사들은 자료를 데이터베이스에 보관하고 각 분야별로 정리해놓고 있다. 그중에 원하는 데이터를 가져오고 싶을 때 데이터베이스를 실제 상황에 근접하도록 만들어주는 언어가 필요한데, 바로 SQL을 사용하면 된다.

경영학이나 광고홍보, 통계학 등의 전공자 입장에서는 보고서 작성과 사업계획이나 중요한 업무를 발표하는 능력, 석사학위, 외국어 실력, SPSS나 SAS와 같은 통계 툴의 활용 능력이 기본적으로 필요하다. 사회조사분석사 2급 자격증을 취득하는 것도 좋은 방법이다. 신용평가 같은 금융권으로 취업하기 위해서는 추가로 스파크, 오라클 SQL 언어나 하둡, R을 공부하면 업무에 도움이 된다.

취업을 위한 준비

빅데이터 분야에서는 "이것 하나만 배우면 무조건 취업할 수 있다"라고 말할 수가 없다. 앞에서도 말했지만 빅데이터 분야는 여러 가지 분야가 융합된 학문이기 때문이다. 그러므로 개인의 상황에 맞게 준비해야 한다. 예를 들어, 컴퓨터공학을 전공했다면 최소한 개발에 관련하여 전문가의 지식을 기본으로 갖춘 상태여야 하고, 통계학이나 경영학을 기술로 업그레이드할 필요가 있다.

통계학을 전공했다면 통계에 관련된 지식이 충분한 상태로 프로그래밍 기술을 업그레이드해야 한다. 빅데이터 시장은 치열한 경쟁을 벌이는 분야이다. 빅데이터 전문가로 취업을 생각한다면 정보를 모으고 관련 공부를 꾸준히 해야 한다.

영화로 보는 빅데이터 <머니볼>

베넷 밀러 감독의 영화 〈머니볼〉은 스포츠 분야에서도 빅데이터가 큰 힘을 발휘할 수 있다는 것을 알린 영화다. 현재는 빅데이터와 인공지능의 시대이며 어떤 산업 분야든 지 딥러닝과 머신러닝 등 인공지능과의 결합으로 한 단계 더 높은 수준으로 나아가고 있지만, 2011년 이 영화가 나온 당시만 해도 데이터를 가지고 팀을 구성하는 일은 혁신에 가까운 일이었다. 직관적인 감각으로 상황을 판단했던 시대에 이론과 철학을 바탕으로 움직이는 것은 놀라움 그 자체였다.

승리하려면 데이터를 분석하라

영화는 메이저리그 최하위권 구단 오클랜드 애슬레틱스

의 빌리 빈 단장의 이야기로 시작한다. 구단은 자금이 부족했지만 다른 팀에게 간판스타를 빼앗기고 싶어 하지 않는다. 그러나 빌리 빈 단장은 구단의 사정 때문에 스타 플레이어를 빼앗길 수밖에 없는 상황에서 스트레스를 받는다. 그런 중에 실력 있는 선수를 다른 팀 선수와 맞바꾸는 제안을 하려고 클리블랜드 인디언스의 단장을 찾아가지만 그 옆에서 거절하라고 귓속말로 조언하는 피터 브랜드를 만나게 된다. 화가 난 빌리 빈 단장은 피터 브랜드를 조용히 만나 따진다. 피터 브랜드는 중요한 건 선수가 아니라 승리를 사는 것, 승리하려면 득점할 선수를 사야 한다고 말한다. 그 말을 들은 빌리 빈 단장은 곧 생각이 바뀌었다.

빌리 빈 단장은 피터 브랜드를 부단장으로 영입한다. 기존의 야구팀이 아닌 객관적인 데이터를 기반으로 하는 '머니볼' 정책을 추진한다. 피터 브랜드 부단장은 성공을 위해 스카우트할 선수들의 기록은 물론 모든 정보를 모아 수치로 나타내고 분석하기 시작한다. 스포츠 야구에 빅데이터 분석을 접목시키는 장면이었다.

가장 필요한 상황에 선수를 투입하는 빅데이터

빌리 빈 단장은 선수들의 데이터를 분석하여 타율이 안 좋아도 출루율이 높은 타자, 삼진을 잡지 못하더라고 땅볼

아웃 유도가 높은 투수를 찾는 등 가장 필요한 상황에 적절한 선수를 투입했다. 이것이 바로 빅데이터를 활용한 전략이었다. 새로운 전략을 세운 빌리 빈 단장의 야구팀은 정규리그에서 20연승이라는 좋은 성적을 내면서 최하위 성적에서 벗어난다. 포스트 시즌에 진출하지만 우승하지는 못했다. 그러나 빌리 빈 단장은 실망하지 않고 미소를 짓는다. 그 미소의 의미는 예산 부족 때문에 정형화된 수치에만 의존해 값싸고 효율적인 선수만 영입하려고 했던 과거의 방법에서 벗어나, 객관적인 데이터 분석을 통해 팀을 재구성하여 내디딘 우승을 향한 희망으로 보인다.

영화 〈머니볼〉은 데이터를 새롭게 분석하여 숨은 보석을 찾아내고 조직의 목표를 이뤄가는 내용이다. 즉 올바른 측정도구를 개발하는 것이 중요하다는 뜻이다. 최종 목적에 적합한 구성원들의 조합을 통해서 스타 선수가 아닌 팀으로서 성과를 만들어내는 시스템이 완성된 것이다. 이것이 바로 빅데이터 분석의 중요성이다.

빅데이터는 의미 있는 접근을 가능하게 하는 기술과 방법이다. 부족한 역량을 메워주고 변화하는 환경에 빠르게 적응하도록 돕는 것 또한 중요하다.

3장

빅데이터 전문가로
살아간다는 것

빅데이터
전문가의 장점

빅데이터는 부가가치가 높다

빅데이터 전문가의 장점은 무엇일까? 빅데이터는 정치, 경제, 대중문화 등 어느 분야든지 필요하지 않은 곳이 없을 정도로 확대되어 있다. 그러므로 어디에서든지 빅데이터 전문가를 많이 필요로 하고 활동 분야가 확대되고 있는 것은 아주 긍정적인 일이다.

빅데이터 전문가가 주로 하는 일은 대용량 데이터를 수집하고 저장하며 분석하는 일이다. 플랫폼을 개발하고 실시간 데이터 분석은 물론 로그 검색 시스템 개발 업무까지 데이터에 관한 다양한 일을 맡을 수 있다. 데이터를 조합해 종합적으로 판단하려면 기본적으로 빅데이터 분석이 우선이다. 사물인터넷(IoT)을 통해서 데이터를 수집하고 이것을 클라우드에 저장한 다음, 저장된 빅데이터를 분석해서 의미 있는 패턴이나 규칙을 찾아낸다. 그다음에 소프트웨어 프로그램으로 나타내는 것이므로 독립된 하나가 아니라 여러 가지가 연결되어 이루어진다.

빅데이터 전문가는 여러 분야에서 필요로 하는 유망한 직종 중에 하나이다. 취업의 폭이 넓고 복지 수준이 좋고 연봉이 높다. 다른 IT 직종에 비해 상당히 뛰어난 직업이라 할 수 있다. 과거에 빅데이터 전문가는 IT 관련 회사나 기업에서만 주로 채용했지만, 현재는 금융권과 공기업까지 채용 범위가 점점 넓어지고 있다.

그렇다면 빅데이터 전문가의 활동 분야는 어디일까? 빅데이터 전문가는 데이터가 있는 곳에서 근무하게 된다.

우선 제조업의 스마트공장이 빅데이터 전문가의 무대이다. 예를 들면 스마트공장의 자동화 로봇이나 모듈에 사물인터넷을 달면 특정 작업을 몇 시간 동안 얼마나 했으며, 작업을 수행할 때 전기 사용량과 고장 발생이 있었는지 없었는지 또는 생산한 제품의 불량 여부 등이 데이터로 남겨진다. 이 데이터를 분석하면 스마트공장을 최적화할 아이디어를 얻을 수 있고 문제점도 해결할 수 있다. 스마트공장의 모든 로봇이 더욱 효율적으로 일을 하게 하거나, 고장을 미리 예측해 미리 정비해서 불량품이 생성되는 원인도 없앨 수 있다.

또한 정보통신기술(ICT) 기업, 시스템 통합 서비스(SI) 기업, 포털사이트, SNS 기업, 게임회사, 빅데이터 전문 분석업체, 통신사 등 IT 전문기업과 의료기관, 은행, 증권, 보험 회사, 공공기관 등에서 활동할 수 있다.

사물인터넷 시대에는 빅데이터 기반의 인공지능 기술이 더욱 중요해질 것으로 전망한다. 모든 일상생활 환경에서 데이터가 수집될 것이고 이를 활용하면 지금까지는 상상하기 어려웠던 새로운 서비스들이 등장할 수 있기 때문이다. 그러나 데이터의 개인정보 유출문제, 정보보안과 보호 같은 문제는 계속 생겨날 수 있으며, 이런 문제가 빅데이터 기술의 발전을 저해한다는 점을 항상 염두해야 한다.

빅데이터 전문가가 되려면 데이터를 활용한 지능적인 서비스를 통해서 얻을 수 있는 혜택을 지속적으로 학습하고, 제4차 산업혁명의 핵심인 인공지능 분야에 대한 실무 능력을 겸비한다면 다양한 분야에 도전할 수 있다.

애플리케이션 테스트 수행, 애플리케이션 배포, 애플리케이션 테스트 관리, 제품 소프트웨어 패키징, 정보시스템 이행, 요구사항 확인 능력 등은 데이터 분석과 인공지능 개발과는 크게 관련이 없다. 그러므로 자신의 목표에 알맞은 능력을 파악하고 체계적으로 공부한다면 활동하고 싶은 분야의 직업을 가질 수 있다.

유용한 정보를 끊임없이 만들어낸다

빅데이터는 개인과 기업에 매우 유용한 정보를 만들어낸다. 인터넷과 스마트폰의 확산으로 데이터 양이 상상을 초월할 만큼 증가하여 현대인은 데이터의 홍수 속에 살고 있을 정도이다. 모든 생활권이 정보화 기계를 사용하기 때문에 사람들이 다녀간 곳곳에는 발자국이 남는다. 이 발자국은 SNS, 쇼핑, 의료, 은행과 증권거래, 교육과 학습, 여가활동, 자료검색과 이메일 등 모든 분야에서 데이터로 저장되고 있다. 데이터에서 의미 있는 예측과 결론을 낸 결과 기업을 효율적으로 경영하기 위한 방법을 모색하거나 이러한 사회 현상을 이해하기 위해 다양한 시도가 이루어지고 있다. 왜냐하면 데이터를 모으는 방법과 이를 분석하는 ICT 기술이 다양한 시도를 가능하게 해주기 때문이다.

세계적으로 빅데이터와 사업을 분석하는 시장은 2016년 1,301억 달러(약 146조 원)이었고, 2020년 2,030억 달러(약 227조 원) 이상으로 늘어났다. 시장조사 기관 IDC에서는 연평균 성장률이 11.7%에 달한다고 발표했다. 또 기업 컨설팅 전문회사 맥킨지의 발표에 따르면, 미국은 2018년에 데이터 심층 분석 기술에 필요한 인원이 최대 49만 명인데 공급 인원은 30만 명에 불과했다고 밝혔다. 앞으로도 빅데이터 전문가에 대한 수요가 세계적으로 빠르게 늘어날 것으로 전망된다.

빅데이터는 기업의 경쟁력을 결정한다

제4차 산업혁명의 가장 큰 특징 중 하나는 머신러닝이다. 기계학습은 인간이 자연적으로 해내는 학습능력 같은 기능을 컴퓨터상에서 이루는 기술과 방법이며, 인공지능 분야의 연구과제 중 하나이다. 기업의 경쟁력은 기계학습을 위해 필요한 데이터를 소유했는지 아닌지에 의해 결정된다.

전기자동차 기업 테슬라가 2017년 기준 한 달에 생산하는 자동차 수는 2017년 기준 약 2만 5천 대였다. 미국에서 자동차를 가장 많이 생산하는 GM은 한 달 생산 자동차가 약 25만 대이다. 테슬라는 창업한 지 10년이 채 안 됐고, GM은 100년 이상의 자동차 제조 역사를 갖고 있다. 그럼에도 기업 가치는 테슬라와 GM이 거의 차이가 없다고 평가받는다.

테슬라가 시장을 선도하게 된 것은 제품의 제조 방식과 판매 방식을 바꿔 경쟁력을 키운 데에 있다. 더 중요한 것은 테슬라가 운전자로부터 운행과 관련 정보나 위치정보를 데이터로 구축하고 이를 활용하여 판매와 AS 등에 이용했다는 점이다.

애플, 구글, GE, 페이스북, 아마존 같은 기업은 모두 세계적인 기업인데, 이들에게는 공통점이 하나 있다. 그것은 거대하고 엄청난 양의 데이터를 마케팅과 기업경영에 활용하여 성과를 냈다는 점이다.

빅데이터 전문가에게 필요한 능력

빅데이터 기술의 부작용은 분별 없이 정보를 수집하여 개인정보가 노출될 경우, 사생활을 침해받는다는 점이다. 또 빅데이터 해킹으로 금융회사의 고객 정보가 노출된 경우 소비자들이 피해를 당할 수도 있다. 그러므로 개인정보를 안전하게 지키는 전략을 세울 필요가 있다. 빅데이터를 분석하고 의미 있는 정보를 만들어내는 것은 개인보다 능력 있는 구성원이 있는 곳에서 할 수 있는 일이다. 그렇다면 빅데이터 전문가는 어떤 능력이 필요할까?

시대의 흐름을 읽는 눈

빅데이터 전문가는 수많은 정보와 데이터를 수집하고, 저장하고, 분석하여 다가올 미래를 예측하는 일을 하는 IT

분야의 전문 기술직이다. 그러므로 시대의 흐름을 빠르고 정확하게 읽을 줄 알아야 한다. 빅데이터는 매우 빠른 속도로 생산되는 거대한 데이터를 거의 실시간으로 수집하고 저장해야 하며, 이 데이터를 분석하여 가치 있는 정보를 뽑아내야만 비로소 가치를 얻을 수 있다.

빅데이터 전문가의 일은 데이터 분석을 기획하고, 수집하며, 분석하여 알아볼 수 있도록 보고서를 작성하는 네 가지 단계로 구분한다.

첫째, 데이터 분석기획 단계에서는 빅데이터를 통해 고객이 얻고자 하는 정보가 무엇이고 어디에 활용할 것인지를 협의한다. 그렇게 구체화된 빅데이터 분석 내용을 목록으로 만든다.

둘째, 데이터 수집 단계에서는 고객이 가지고 있는 데이터를 더 깊게 분석하고, 다른 개인이나 기업, 공공기관이 가지고 있는 데이터를 수집하기 위해 서로 논의한다.

셋째, 분석 단계에서는 통계와 전산 프로그램과 자체적인 검색엔진을 활용해 만든 목록을 분석 내용에 따라 데이터를 분석할 수 있다.

넷째, 빅데이터에 대한 분석이 완료된 뒤에는 어떤 방안이나 결과물을 가지고 고객이 명확하게 이해할 수 있도록 기록하고 보고서를 작성한다. 또한 빅데이터를 활용해 유용한 정보를 항상 얻을 수 있는 시스템을 마련하기 위해 데이터 엔지니어와 상의한다.

하둡과 R을 다루는 능력

거대한 데이터를 여러 각도로 분석하기 위해서는 다양한 분석기법과 툴의 사용법을 알고 있어야 한다. 이와 관련해 데이터 마이닝, 기계학습, 자연어 처리, 패턴인식을 습득하고 처리하는 능력이 필요하다. 빅데이터의 정보를 조작하기 편한 부호와 언어로 바꾸어야 한다. 프로그래밍 언어 중에 파이썬(Python), 자바(Java), C++ 등을 기본으로 알아야 하고, 수치 해석을 위한 수리적 지식으로는 다변수 미적분학, 선형 행렬 대수, 확률, 통계를 알아야 한다. 데이터 분석 도구인 하둡(Hadoop), R, 엑셀, SQL, SPSS, SAS, MATLAB도 잘 다루어야 한다.

이중에서도 빅데이터 전문가의 핵심기술은 하둡과 R이다. 그러므로 미래에 빅데이터 전문가를 꿈꾼다면 IT 분야의 전문 기술인 하둡 프로그래밍과 R 프로그래밍을 기본적으로 다룰 수 있어야 한다.

하둡은 대용량의 데이터를 수집하고 관리하는 프로그램이며, R은 데이터 통계를 분석하는 시스템이다. 두 가지를 모두 능숙하게 다룰 줄 알면 빅데이터 전문가의 기본적인 자질을 갖추게 되는 셈이다. 하둡과 R을 다룰 줄 모르면 빅데이터 전문가가 될 수 없을 정도로 이 둘은 중요한 과정이며 기술이다.

하둡과 R은 IT 분야 안에서도 고급 과정에 속한다. IT 분야에 대한 지식과 기술이 없다면 하둡과 R을 이해하는 기본적인 과정을 차례대로 공부하는 게 좋다. 하지만 이 모든 과정은 짧은 기간에 준비하고 습득할 수 있는 기술이 아니다. 그러므로 공부하는 기간을 충분히 두고 제대로 준비해야 한다는 점을 꼭 기억해야 한다. 누구나 쉽게 준비를 할 수 있다면 빅데이터 전문가는 미래 유망 직업으로 꼽히지 않았을 것이며 연봉이나 복지수준도 다른 직업과 비교해 더 낫지 않았을 것이다. 확실하게 준비를 한 사람만이 빅데이터 전문가가 될 수 있다.

수준 높은 지식과 끊임없는 학습 자세

빅데이터 전문가에게 가장 큰 어려움은 무엇일까? 빅데이터를 활용하기 위한 매우 높은 수준의 지식과 기술이 필요하기 때문에 우선 끊임없이 공부하는 직업이라는 점이다. 데이터 아키텍처 전문가, 준전문가 자격증을 취득하고 빅데이터 시스템을 이해하기 위한 실제 업무 기술까지 요구되는데 이론과 실제가 모두 필요하기 때문이다. 하지만 겁먹고 도전을 포기할 필요는 없다. 빅데이터의 중요성에 따라 많은 곳에서 이 분야 전문가를 찾고 있기 때문에, 이를 양성하는 기관도 더 많아질 것으로 예상된다. 예를 들어, 한국데이터진흥원에서 주관하는 교육이 있는데 빅데이터 전문가가 되기 위한 기술 교육과 컴퓨터공학과 같은 학위까지 취득할 수 있다.

빅데이터 전문가는 빅데이터를 어떻게 활용할 것인지 기획하면서 통계학으로 데이터를 분석할 수 있는 기술이 필요하다. 그러므로 IT 분야의 기술과 통계분석 기술을 동시에 익혀야 한다.

IT 관련 학과를 전공했다면 IT 기술 외에 실제 업무에서 활용될 통계와 분석기술을 공부하여 익히면 된다. 반대로 통계학을 전공했다면 부족한 IT 기술을 공부하면 된다. 만약 IT 관련 전공자나 통계 관련 전공자가 아닌데 빅데이터 전문가가 되고 싶다면 두 계열 모두 공부하는 것을 추천한다. 만약 IT 기술만 있고 통계 프로그램을 잘 다루지 못한다거나, IT 기술은 없고 통계 분야에만 자신이 있다면 빅데이터 전문가 되기가 조금 어렵기 때문이다.

빅데이터 관련 분야는 새로운 기술이 등장하고 빠르게 발전하기 때문에 전문적인 실력을 향상시키기 위하여 꾸준히 공부하는 자세가 필요하다. 또 데이터를 수집하고 저장하며 최신 기술과 경향을 파악하기 위해 통계와 분석에 대한 공부를 끊임없이 해야 한다.

창의력과 추진력 필요

빅데이터 전문가가 되려면 수많은 데이터를 여러 방향으로 분석하기 위한 창의적인 접근이 필요하다. 대부분 분석 과정이 오래 걸리므로 묵묵히 견디는 끈기도 필요하지만 오랜 시간 꾸준히 공부하는 자세가 무엇보다 중요하다.

빅데이터 전문가는 데이터 속에서 새로운 가치를 만들어 내는 사람이다. 통계 이론과 복잡한 프로그램에 대해 이해 하고 다양한 관점에서 문제를 의식하며 잘못된 점을 고쳐 나가고 부족한 점을 채워나가려면, 창의력 넘치는 기발한 아이디어와 꿋꿋하게 밀고 나가는 추진력도 필요하다.

우리 생활에 이용되는
빅데이터

빅보드 차트와 빅데이터

KBS1 라디오 〈빅데이터로 보는 세상〉은 2015년 1월에 시작된 라디오 프로그램이다. 대중문화와 사회 이야기를 데이터 분석 관점으로 청취자에게 전달하고 있다. 인기 있는 노래를 소개하며 애청자들이 가장 관심 있는 순위를 중심으로 정보를 전달하기도 한다. 이 라디오 방송은 주로 소셜 분석 플랫폼 '티버즈'를 통해 의미 있는 분석과 사회 이슈에 미치는 영향을 다루는데, 티버즈는 블로그와 트위터, 페이스북을 기준으로 사용자들이 남긴 기록을 분석해 필요한 정보를 수집한다.

2017년 1월 〈빅데이터로 보는 세상〉에 출연한 다음소프트 최재원 이사는 SNS에서 한 달간 사랑받은 빅보드 차트를 발표했다. 2016년 빅보드 차트는 고마움과 감사의 정서가 담긴 곡이 대부분이라면, 2017년은 그리움이 담긴 노래가 특징이고 보고 싶다는 키워드가 가장 많았다고 분석했다. 빅데이터는 팝과 가요에 대해 다음과 같이 분석하기도 했다.

릴리 앨런의 〈Littlest things〉은 그리움을 노래한 가사말에 리듬은 몽환적인 노래이다. 레트로(retro) 열풍을 불러왔으며, SNS에서는 행복했던 연애에 대한 이야기를 담았다고 분석했다. 알렌 워커의 〈Faded〉라는 노래는 드라마 OST와 비슷해 관심을 모았는데, 가사는 "너 지금 어디에 있니, 난 흐릿해져 가"라는 내용으로 그리움을 잘 전달했다고 인기 비결을 분석했다. 콜드 플레이의 〈Viva La Vida〉는 희망차고 열정적인 멜로디로 몸을 들썩이게 하는 곡이다. 뉴스 프로그램의 엔딩곡으로 사용되어 주목을 받았는데, SNS에서 거론된 팝송은 광고나 드라마에 삽입되어 간접적으로 접한 곡이 관심을 모았다고 분석했다.

악동뮤지션의 〈오랜 날 오랜 밤〉은 시작 부분에 〈캐논 변주곡〉의 일부가 나오는데 듣는 사람에게 익숙한 느낌을 주고 진솔한 가사 내용을 인기 요인으로 분석했다. 수지의 〈행복한 척〉은 SNS에서 다른 사람의 눈을 의식해 용기 없이 사는 우리의 허무함을 잘 표현하여 대중의 공감을 얻었고 좋은 평을 받은 것으로 분석했다. 여자친구의 〈유리구슬〉의시작은 학창시절 학교에서 매일 듣던 종소리가 나와 SNS에서 "만화주제곡 같다", "판타지 같다"는 이야기가 나오는 등 추억의 감성을 자극한 곡으로 분석했다. 빅뱅의 〈에라 모르겠다〉는 SNS에서 가장 많이 언급될 만큼 큰 인기를 얻어 1위에 선정된 것으로 분석했다.

교통사고 위험도 줄이고 하늘길도 여는 빅데이터

대구교통방송은 〈오늘의 빅데이터 교통정보〉 코너를 통해 출근과 퇴근 시간대에 여덟 차례 안내 방송을 하고 있다. 도로교통공단은 교통정보의 데이터를 분석해 대구광역시에서 교통사고 위험 시간대와 위험 지역 상위 10곳, 사고 위험지수가 높은 지역을 예측한다. 빅데이터 교통정보 분석에는 도로교통공단의 교통사고 통계정보와 한국교통방송 대구 본부의 시민제보 데이터, 대구시의 교통소통 정보와 기상청의 날씨 정보 이외에 SNS 데이터에서 약 700만 건 이상의 데이터가 활용되고 있다.

빅데이터 교통사고 위험예측 서비스는 운전자가 안전하게 운전하도록 도와주고 사고 발생을 낮추기 위한 서비스이다. 이 서비스를 운영한 뒤 교통사고 발생이 11% 감소한 것으로 분석되었다. 도로교통공단은 빅데이터로 교통정보를 분석해 시민들의 출퇴근하는 교통 환경이 보다 안전해졌다는 점이 증명되었으므로 교통사고 위험예측 서비스를 전국으로 확산하게 되었다.

한국항공우주연구원 연구팀은 가상환경 시뮬레이션 연구실에서 통합관리시스템(MIDAS)을 시험했다. 이 기술은 하늘길 교통체증을 줄이는 데 사용된다. 여러 대의 항공기가 한꺼번에 공항에 몰려도 문제없이 이륙하고 착륙할 수 있도록 순서와 시간과 경로를 막힘없이 알려주는 방식이다. 항공기가 연착되거나 출발이 늦어지는 것을 크게 줄일 수 있다. 한국항공우주연구원에서 개발한 '항공기 출발 도착 통합관리시스템(MIDAS)'은 인천국제공항과 제주국제공항에 설치해 현재 사용하고 있다.

항공관제 지원 시스템 'MIDAS'는 특정한 항공기가 어느 지점을 거쳐 내려와야 할지 정해지면 예상 지연 시간과 도착 시각까지 정확하게 예측해준다. 따라서 컴퓨터 빅데이터 분석을 기반으로 항공기 출발 흐름이나 게이트에서 활주로까지 걸리는 시간, 다른 비행기가 활주로를 사용하는 시간을 계산하여 알려주므로 대기 시간을 최소화할 수 있도록 설계되었다. 이 데이터를 기반으로 관제사는 보다 신속하고 효율적인 의사결정을 내릴 수 있으므로 항공기

대기 시간을 15~30%가량 줄일 수 있다. 또한 연료를 절약하고 온실가스 배출량을 줄이는 효과가 있다.

기상기후 빅데이터 분석 플랫폼, '날씨마루'

'날씨마루'는 기상청의 기상기후 빅데이터 분석 플랫폼이다. 다양한 분야에 편리한 생활과 과학적인 의사결정에 도움을 줄 기상융합 시범 서비스이다. 기상기후 빅데이터와 다양한 분야의 데이터를 결합해 빅데이터 분석환경을 제공하며, 누구나 이용할 수 있다. 서비스 내용도 상당히 다양하다.

기상융합 시범 서비스는 특산물이 생산되는 지역의 기상정보와 농작물 생산량을 예측하고 서리가 발생할 가능성을 예측한다. 물고기를 잡는 양은 물론 사야 할 오징어의 양까지 예측해 보여준다. 문화·체육 분야에서는 관광코스의 기상정보를 알려주며 맞춤형 관광기후지수를 알려준다. 또한 보건과 환경 분야에서는 적조현상, 즉 동물성 플랑크톤이 갑자기 많이 번식하여 바닷물이 붉게 보이는 현상이 일어날 가능성이나 이전 발생 정보까지 알려준다.

교통물류 분야에서는 고속도로 사고 위험이 있는 곳과 교통사고가 일어났던 과거의 현황, 그리고 고속도로의 위험한 기상정보를 알려준다. 기상변화에 따른 교통 빅데이터 분석을 알아볼 수 있다. 방재기후 분야에서는 비 피해가 있었던 과거 정보와 피해 가능성을 예측해 알려준다. 에너지와 산업 분야에서는 태양광 발전량을 예측하고 이에 관한 시뮬레이션을 볼 수 있다.

사회 여러 분야에서 미래 산업의 새로운 가치를 만들어내기 위해 빅데이터 기술개발 투자에 집중하고 있다. 빅데이터가 모든 산업의 발전과 가치를 만들어내는 큰 역할을 하고 있기 때문이다. 특히 기상기후 빅데이터는 민감한 개인정보를 사용하지 않는 영역이며, 다른 산업 데이터와 융합하기 쉽다는 강점이 있다. 전문가들은 기상기후 빅데이터 사업이 사물인터넷, 인공지능을 활용해 새로운 시장을 개척할 것으로 전망하고 있다.

코로나19와 한국 데이터 과학자

한국은 코로나19의 진행상황과 환자 정보를 가공한 데이터베이스를 공개해 세계의 주목을 받고 있다. 이를 작업한 김지후 연구원(한양대학교대학원 컴퓨터소프트웨어학과 빅데이터사이언스랩)은 빅데이터를 바탕으로 분석한 결과가 코로나바이러스 대처에 도움이 되고 한국 질병관리본부의 대처 능력이 전 세계에 알려지길 바란다고 캐글(AI 개발자들의 최대 온라인 커뮤니티)과 깃허브(소프트웨어 개발 플랫폼)에 공유했다. 질병관리본부의 하루 데이터를 활용 가능한 상태로 공유해 인공지능 전문가의 분석이 활발해졌다.

한국은 빅데이터 분석을 통해 코로나19와 싸우는 동안 효과적인 방역을 위해 개인정보 침해라는 문제점을 감수하면서 데이터를 추적하고 분석했다. 데이터를 이용하지 않으면 코로나19를 효과적으로 억제할 방법이 없기 때문이다. 이렇게 데이터가 많을수록 할 수 있는 일은 더 많아진다.

한편 중국 베이징은 전국의 검역소에 있는 시민들을 추적하기 위해서만 데이터에 의존했다. 미국은 데이터를 적극적으로 사용하지 않았으며, 유럽은 정부가 사용 가능한 정보를 활용하기를 원했지만 새로운 '개인정보 보호에 관한 법률'로 제한을 받았다. 코로나19 같은 위기 상황에서 데이터를 적극적으로 사용하지 않으면 셧다운 같은 방식으로 많은 지역을 폐쇄해 수많은 부작용이 확산된다. 또한 질병의 확산을 막기가 어렵다.

빅데이터 전문가와
기업의 경영 전략

소비자의 생각과 행동까지 예측 가능

기업의 마케팅과 서비스 방식은 빅데이터의 영향으로 급격하게 변화하고 있다. 디지털 기술로 데이터를 수집하고 활용하여 제품을 향상시키고 서비스를 높이는 것이다.

스포츠용품 회사 '나이키'는 골프채 헤드 뒤에 센서를 달아 스윙 동작을 분석해준다. 이로 인해 더 정확한 스윙이 가능해져서 경기 실력을 향상시킬 수 있다고 한다. 이 분석 데이터를 통해 고객에게 잘 맞는 골프채를 추천하기도 한다. 또한 운동을 얼마나 했는지 확인할 수 있는 손목 밴드와 센서가 달린 신발 등 웨어러블 디바이스도 내놓았다.

미국 자동차 기업 '포드'는 실리콘밸리에 자동차 관련 데이터를 분석하는 연구소를 세웠다. 센서와 원격 소프트웨어를 사용하여 자동차 400만 대의 주행과 운전자의 운전습관에 대한 데이터를 모아 분석한다. 주행 환경과 주행 조건이 차에 어떠한 영향을 미치는지 전문가가 파악하고, 운전자에게는 안전에 관련된 정보를 실시간으로 알려준다. 자동차는 고객의 운전 습관이나 용도에 따라 수명이 달라진다. 포드 사는 데이터 분석과 연구로 고객의 운전 습관이나 주행정보를 실시간으로 파악하여 고객에게 맞는 새로운 서비스를 제공할 수 있게 되었다.

오피스 사무기기 회사 '제록스'는 빅데이터 분석을 통해 조기 퇴직하는 사람들의 유형을 분석했다. 그 결과 회사에서 집이 멀고 확실한 교통수단이 없는 직원, 친구가 없거나 너무 많은 소셜네트워크를 관리하는 직원, 공감을 너무 잘하거나 창의력이 부족한 직원 등이 조기 퇴직을 한다는 통계가 나왔다. 제록스는 이 데이터를 직원을 새로 뽑을 때 반영하여 조기 퇴직하는 사람을 20%나 줄였다.

국내 종합식품기업 'SPC그룹'은 해피포인트 카드를 운영하고 있다. 구입 금액의 5%를 적립해주는 마일리지 카드인데, 2000년 8월에 시작되어 2019년에 회원 수 2천만명을 넘어섰고 앱 사용자도 1천만 명을 돌파했다. 해피포인트 카드 사용을 분석하면 어떤 연령대의 고객이 어떤 제품을 구입하는지 알 수 있고, 어느 매장에 고객이 몰리는지 분석이 가능하다. 20대 여성 고객이 많은 매장이라면 그 연령대에 맞는 상품을 진열하여 판매를 촉진할 수 있는 것이다.

이렇듯 마일리지 제도는 단순히 고객에게 주는 혜택이 전부가 아니다. 기업은 고객이 마일리지 카드를 사용한 데이터를 모아 상권 분석에 이용하거나 점포를 새로 낼 때 유용한 자료로 활용할 수 있기 때문이다. 마일리지 제도를 운영해 고객의 소비 경향을 읽고 과학적인 매장 경영 전략을 세운 SPC그룹은 문을 닫는 매장이 1% 미만이다. 폐업이 많은 자영업계에서는 엄청난 혁신의 바람이다.

구인구직 사이트 '사람인'에서는 빅데이터 분석을 적용해 직장을 구하는 사람이 쉽고 객관적으로 자신의 강점을 파악할 수 있도록 취업 준비 전략을 제공하고 있다. 예를 들면 이력서를 분석하여 자신의 성향이나 강점, 좋은 점 등을 7가지 요소로 한눈에 알아보기 쉽게 그래프로 나타내어 취업을 효과적으로 준비하도록 돕는 것이다.

'코리아센터'는 온라인 전자상거래를 운영하기 위한 통합 솔루션 기업이다. 이 회사는 오토디피 시스템을 무상지원하는 이벤트를 했다. 오토디피는 인공지능을 활용한 빅데이터 분석으로 상품 진열 효과를 보다 향상시키는 온라인 쇼핑몰 상품진열 자동 시스템이다. 메인 화면부터 카테

고리 분류까지 고객 반응에 따라 실시간으로 상품 진열을 변경한다. 인공지능 기술이 쇼핑몰의 매출과 정산, 통계를 분석하여 검색할 수 있도록 하고 추천상품 제공까지 관리자가 설정한 조건에 맞춰 자동으로 정렬된다.

의류를 판매하는 온라인 쇼핑몰들은 옷을 온라인상에 올리는 데 하루에 평균 30회, 총 3시간 이상이 걸린다고 한다. 하지만 '오토디피'를 활용하면 쇼핑몰 운영자가 상품별 매출과 구매한 데이터를 확인하지 않아도 효율적인 쇼핑몰 운영이 가능하여 시간을 아낄 수 있다고 한다. 가령 쇼핑몰을 이용하는 사람들과 그들이 선호하는 상품을 분석해 최적의 상품을 추천하는 반자동 진열과 진열이 필요한 상품 위치와 시간을 설정하면 알아서 바뀌는 자동진열을 이용할 수 있다. 판매와 직접 연결되는 메인 화면 디스플레이 시간을 단축하고 매출을 높일 수 있다.

컴퓨터 기업인 IBM은 데이터를 이용해 고객을 이해하고 구매와 마케팅, 판매와 서비스로 구성되는 단계를 새롭게 해야 한다고 주장한다. 소비자의 요구를 실시간으로 반영하고 상품은 기존에 없는 새로운 것을 만들고 서비스 정책과 브랜드 전략도 새롭게 하는 것이 기업 경영이기 때문이다.

미국 보스턴대학 정보시스템학부 샘 랜스보덤 교수는 온라인 사이트에서 고객들의 구매 행태를 분석하면 고객이 어떤 제품은 구입을 하고, 또 어떤 제품은 검색만 하고 지나치는지를 알 수 있는 시대가 열렸으므로, 정교한 데이터는 기업들의 상품과 고객 서비스에 차별점을 제공하는 엄청난 기회라고 주장했다.

기업에서 데이터 분석이 활발해지면 고객 관리부터 회사의 전체 자원 관리가 변화된다. 상품 원자재를 구입하고 상품을 완성해 소비자에게 가는 서비스까지 모든 흐름이 일관성 있고 예측 가능한 결과를 준비하도록 설계할 수 있기 때문이다. 기업은 고객의 특성에 따라 데이터를 기반으로 고객이 좋아하는 혜택을 제공하므로 고객을 추가 유치하거나 이탈을 방지할 수 있다.

서울대 산업공학과 조성준 교수는 빅데이터 연구 권위자로 알려져 있다. 〈유통업계 빅데이터 활용전략〉을 주제로 열린 2020 유통산업포럼에서 소비자 행동 예측은 소비자에게 의견을 묻기보다 빅데이터 분석이 중요하다고 주장했다. 물건을 살 때의 행동은 무엇을 사겠다고 생각할 때와 다르게 나타나기 때문이다. 소비자의 행동을 관찰할 기회는 인터넷에 이미 드러나 있다.

조성준 교수는 빅데이터 분석을 가장 적극적으로 활용하고 있는 기업으로 '아마존'을 꼽았다. 아마존은 고객을 고객 자신보다 더 잘 아는 기업이다. 고객의 검색과 이전 구매 내역을 분석해 고객이 관심을 가질 만한 상품을 가장 먼저 노출시킨다. 이렇게 얻은 매출이 전체 매출의 40%에 이른다. 또 고객이 어떤 상품에 관심이 있다는 것이 확인되면 그들이 주문하고 결제를 하기 전에 드론으로 제품을 먼저 배송하는 선배송 시스템까지 개발했다.

아울러 빅데이터를 가장 많이 활용하는 곳은 카드회사라고 한다. 카드 사용내역을 보면 고객의 위치정보, 나이, 특성, 관심까지 파악할 수 있어 새로운 판매 전략과 마케팅을 계획할 수 있기 때문이다.

코로나19로 앞당겨진 미래의 모습

코로나19 사태가 개인과 기업, 국가의 일상생활을 바꾸고 있다. 이제는 직장인의 재택근무와 학생·교사의 동영상 강의, 매장 방문이 아닌 온라인 주문 배달과 온라인 쇼핑이 자연스러운 일상이 되었다.

글로벌 시장조사기관 IDC는 인공지능(AI), 클라우드를 비롯한 디지털 경제가 급성장할 것으로 전망했다. 이미 전자상거래, 원격진료와 디지털 헬스케어, 온라인 교육 등 서로 접촉하지 않는 디지털 비즈니스가 급격히 커졌다고 분석했다.

빅데이터와 인공지능, 로봇 같은 첨단기술은 경제 산업에서만이 아니라 코로나19 방역 최전선에서도 활약하고 있다. 우리나라에서는 민간인이 가장 먼저 코로나 확진자 앱을 개발한 것으로 알려졌다. 원격 진료도 일시적이고 제한적으로 허용하여 디지털 강국의 기술의 차이를 보였다. 눈앞에 보이는 '디지털 쓰나미'를 차단할 플랫폼 방화벽을 굳건히 세우고, 디지털 경제의 전쟁에서 승부를 내고 있다. 코로나19로 경제가 정지된 듯 보이지만 우리나라를 포함한 디지털 강국들은 세력을 넓히기 위해 힘을 쏟고 있다. 한국 정부와 기업은 위기를 극복한 경험과 저력을 활용하여 디지털 경제를 마련하는 기회로 활용하고 있어 한국 디지털 경제의 미래는 밝다고 본다.

인간과 컴퓨터의 대결

인간 챔피언에게 도전한 컴퓨터

1989년 IBM은 체스 전용 컴퓨터 '딥 소트(Deep Thought)'를 만들었다. 이후 딥 소트는 체스 세계 챔피언 가리 카스파로프와 체스 대결을 펼쳤다. 결과는 인간의 승리였다.

1991년 업그레이드된 딥 소트는 체스 세계 2위인 아나톨리 카르포프와 대결했고, 1993년에는 체스 여자 세계 챔피언 쥬디스 폴가와 시합을 했다. 역시 컴퓨터의 패배로 끝났다.

IBM은 더 월등한 성능을 가진 슈퍼 컴퓨터 '딥 블루(Deep Blue)'를 개발했다. 이 컴퓨터는 높이 2미터에, 무게가 1.4톤이나 되는 것으로 알려졌다. 1996년 2월 딥 블루는 필라델피아에서 카스파로프와 대결을 펼쳤고, 전문가들

120

은 다시 인간이 승리할 것으로 예측했다. 첫 대결에서 딥 블루가 승리했고 나머지 두 대결은 카스파로프가 승리해, 결국 인간이 이겼다. 딥 블루는 뛰어난 전술 능력과 계산 능력을 갖고 있었으나, 승부를 결정짓는 요소를 갖고 있지 못해 패배한 것으로 분석됐다. 시합이 끝난 뒤 카스파로프는 딥 블루가 자신의 실수에도 무감각하여 겁을 모른다는 사실에 공포감을 느꼈고, 감정에 휩싸여 자제력을 잃기 쉬운 인간과 확실하게 다르다는 소감을 남겼다.

1997년 5월 3일 딥 블루와 카스파로프는 뉴욕의 맨해튼에서 다시 대결을 펼쳤다. 사람들은 인간과 컴퓨터의 격렬한 전투를 예상했지만, 첫 수부터 카스파로프를 몰아붙인 딥 블루가 1시간 2분 만에 드디어 승리를 따냈다. 1996년 때의 시합에서 카스파로프는 중반에 변칙 수를 써서 컴퓨터를 혼란에 빠지게 했는데, 이번에는 이런 전략에 대비해 다양한 대처 능력을 업그레이드했기 때문이다. 또한 카스파로프의 다양한 기술 정보를 입력한 결과였다. 카스파로프는 시합이 끝난 뒤 컴퓨터가 그와 같은 수를 두는 것을 상상도 못했다며 소감을 말했다.

2002년 10월 6일부터 19일까지 세계 체스 챔피언 블라디미르 크람니크는 세계 최강 체스 컴퓨터로 알려진 독일제 '딥 프리츠(Deep Fritz)'와 대결을 펼쳤다. 초반에 크람니

크가 2승 1무로 앞서 나가 인간의 승리를 예측했으나, 후반에 컴퓨터가 기세를 올려 최종 8차전에서 무승부를 기록했다. 기계와 달리 인간은 피로가 누적되기 때문에 후반에 밀리고 말았다는 분석이 있었다.

2003년 세계 체스 챔피언 가리 카스파로프와 체스 컴퓨터 프로그램 'X3D프리츠'와의 경기가 벌어졌다. 승부는 1승 2무 1패로, 결국 무승부로 마감되었다. 카스파로프는 "인간은 체스 컴퓨터보다 더 좋은 실력을 지녔고, 자신이 진 게임도 심리적 압박으로 인한 실수였다"고 소감을 남겼다. 이때까지도 컴퓨터가 인간을 이기기에는 아직 역부족이었다.

인간을 이기기 시작한 컴퓨터

2011년 1월 13일 IBM이 만든 컴퓨터 '왓슨'은 뉴욕 교외 IBM 리서치센터에서 열린 퀴즈쇼 〈제퍼디〉의 연습 게임에서 퀴즈 챔피언 켄 제닝스와 브래드 러터를 물리쳤다. 냉장고 크기만 한 왓슨은 IBM의 파워7 컴퓨터를 기반으로 만들어졌고, 이름은 창업주 토머스 왓슨에게서 따왔다. IBM은 왓슨이 직설적인 표현과 은유 표현을 구분하고 말장난과 비속어를 알아들을 수 있도록 많은 공을 들였다. 향상된 언어 이해력은 1997년 체스 챔피언 개리 카스파로프를 이긴 딥 블루보다 월등했다.

2011년 2월 16일 미국 전역에 방송될 왓슨과 인간의 퀴즈 게임 실제 대결은 미국 전 지역에 방송될 예정이었고 사람들은 컴퓨터 왓슨이 이길 것으로 예상했다. 제퍼디 퀴즈 게임 최종 결승에서 IBM의 왓슨은 7만 7,147달러의 상금을 얻으며 우승했다. 켄 제닝스는 2만 4천 달러, 브래드 루터는 2만 1,600달러를 얻었다.

2016년 3월 12일 바둑기사 이세돌 9단과 컴퓨터 알파고와 대결이 벌어졌다. 알파고는 구글 딥마인드가 개발한 최신 인공지능 컴퓨터이고, 이세돌은 대한민국의 바둑 천재이다. 이세돌 9단은 알파고가 업데이트되면 그 실력이 더 향상될 수도 있겠지만 충분히 이길 자신 있다고 말했다.

12일 오후 컴퓨터 알파고와 이세돌의 경기가 시작되었다. 이세돌 9단은 176수 만에 인공지능 알파고에게 3연승을 내주면서 패배했다. 이세돌 9단은 먼저 공격해서 주도권을 잡아야 한다는 생각에 저돌적인 공격을 퍼부었다. 그러나 알파고의 계산 능력에 밀리면서 2연패를 당했다. 경기가 끝나고 이세돌 9단은 심리적 압박감과 부담감이 패배한 요인으로 꼽았다.

기계가 인간을 지배하게 될까?

사람들은 인공지능 기술이 발달하면 기계가 인간을 지배하는 상황이 닥칠지도 모른다고 걱정하고 있다. 그러나 전문가들은 컴퓨터와 인간의 두뇌에는 차이가 있다고 설명한다. 인간이 어떤 마음으로 예술 활동을 하는지, 희로애락 같은 감정을 어떻게 느끼는지 밝혀지지 않았으므로 인간의 지적 활동을 컴퓨터에 마련하는 것은 물론 흉내조차 낼 수 없을 거라는 입장이다.

IBM에서 왓슨 개발에 참여한 수석연구원 데이비드 페루치는 사람의 두뇌는 뇌세포와 체세포 사이의 모든 것이 연결되어 수준 높게 형성되어 있고, 생각이 여러 갈래이므로 한 가지 문제를 한 가지로 끝낼 수가 없는 것이 특징이라고 말했다. 또한 언어와 사회, 인간을 둘러싼 모든 주변 환경과 함께 진화하고 있어 컴퓨터 같은 기계 지능이 인간의 지능을 지배하는 일은 없다고 내다보았다.

인공지능이 인간을 지배하는 것이 아니라 지켜주는 미래가 좀 더 현실적이라고 할 수 있다. 영화 〈마이너리티 리포트〉는 2054년을 배경으로 한 영화인데, 초능력자의 예지능력으로 미래에 벌어질 범죄를 내다보고 그것을 미리 막는 시스템이 등장한다. 영화는 '아직 일어나지 않은 범죄를 예지하고 범죄자를 사전에 체포하는 것이 옳은가', '다른 모든 사람의 안전을 위해 한 사람의 인생을 희생시키는 일이 옳은가' 등 생각해볼 만한 여러 가지 질문을 던지면서 좋은 반응을 얻었다.

영화에서는 초능력자가 미래를 내다보는 방식이지만, 우리가 살아가는 현실에서는 인공지능과 빅데이터 기술을 활용한다. 현재의 기술로는 영화처럼 범죄가 일어나기 직전에 현장을 급습할 수는 없다. 그러나 용의자 신변이나 동선을 빠르게 파악하거나 범죄가 일어날 가능성이 높은 시간과 장소를 분석할 수는 있다.

중국은 국민의 안면 이미지 정보 대부분을 데이터베이스로 만들어 범죄 용의자를 찾는 데 참고하고 있다고 한다. 최근에는 인터넷 활동 등 수집 가능한 정보를 모아 반정부 성향을 지닌 인물을 추려내는 기술이 개발되었다. 영국의 경제매체 〈파이낸셜타임스〉는 2017년 중국 정부가 범죄를 사전에 예측하는 인공지능 개발에 착수했다는 소식을 전했다.

미국 시카고 경찰은 2017년부터 '헌치 랩'이라는 범죄예측 시스템을 도입했다. 이후 시카고 범죄율이 1년 뒤 15%, 2년 뒤 18%가 줄어들었다.

우리나라도 범죄 예측 시스템을 마련했다. 영등포구는 영등포경찰서, KT와 함께 전국 최초 여성 안심 빅데이터 셉테드(CPTED) 플랫폼을 개발해 가동했다. 셉테드는 여성

1인 가구, 야간 유동인구, 범죄 취약지역, 여성 안심 시설물 등 다양한 빅데이터를 수집해 분석했다. 이후 2020년 3월, 경찰 생활안전국은 셉테드 정책 실행을 위한 세부 계획을 공개했다. 이런 사례들로 볼 때 앞으로 범죄예방을 위해 빅데이터가 더 많이 활용될 것으로 보인다.

4장
빅데이터 전문가의
미래는 어떨까?

제4차 산업혁명과
빅데이터 전문가 시대

빅데이터와 인공지능의 결정체, 스마트팩토리

IT 분야에는 다양한 직업군이 있다. 제4차 산업혁명 관련 일자리는 급증하고 소프트웨어의 발전으로 일상생활도 크게 변화되었다. 유명한 소프트웨어 개발자이자 소프트웨어 기업 투자자이기도 한 마크 앤드리슨은 "소프트웨어가 세상을 지배하고 있다"라고 말했다.

제4차 산업혁명은 인공지능 시대를 말한다. 먼 미래처럼 느껴지지만 이미 많은 곳에 기존의 생산직 인력이 기계와 컴퓨터로 대체되고 있다. 유럽에서는 이 시스템을 도입하여 지구 반대편에 있는 공장을 경영하는 사례가 있어 주목을 끌었다. 스마트팩토리는 모든 기계설비가 소프트웨어로 작동해 인간의 실수나 오류가 발생하지 않는 사물인터넷

기술의 최고 단계라고 말할 수 있다.

제조공장만 스마트팩토리로 탈바꿈하는 것이 아니다. 1차 산업인 농업 또한 제4차 산업혁명의 물결을 받아들여 스마트팜 시스템으로 변화하고 있다. 또한 자동차 산업에서도 자동차 제조뿐만 아니라, 인공지능과 로봇공학, 자율주행 기술이 융합된 스마트카(혹은 항상 통신망에 연결되어 있다는 의미의 커넥티드카) 또한 성장하고 있다.

사물인터넷(IoT, Internet of Things)

사물인터넷은 각종 사물에 센서와 통신 기능을 넣어 인터넷에 연결하는 기술로, 어떤 분야든 접목이 가능하다. 사람과 사물, 사물과 사물이 정보를 주고받는 지능형 서비스 기술이다. 가전제품, 모바일 장비, 웨어러블 기기(옷처럼 입거나 시계 같은 액세서리처럼 몸에 지닐 수 있는 스마트 디바이스) 등으로, 애플리케이션도 포함된다.

사물인터넷은 음식점, 주유소, 콜택시를 이용하거나 물건을 살 때 카드 결제를 하는 서비스가 주요 기능이지만, 자동차에 관련된 정보 중에 급가속, 급제동, 과속이 관제서버에 주기적으로 전송하여 차량을 관리하는 서비스도 제공한다. 집에서 외출할 때 가스렌지나 조명 전원을 자동으로 꺼주고, 외출해서 집에 돌아올 때 에어컨과 보일러의 적정

온도를 미리 조절해주기도 한다.

스웨덴 웁살라대학교 화학과 마리나 프라이탁 조교수가 이끄는 연구팀은 실내조명으로도 전기를 생산할 수 있는 태양 전지를 개발했다. 미국은 학교 기숙사, 쓰레기 이동경로 추적, 자동차 사고 데이터 분석과 구급차 요청까지 다양한 방면에 사물인터넷이 활용되고 있다. 우리나라는 유·무선통신과 네트워크 환경이 상당히 좋은 편이어서 다양한 방면으로 발전하고 있다.

인간의 건강을 책임지는 빅데이터

일상의 모든 데이터가 실시간으로 파악하여 질병을 예측하여 적절하게 대응할 수 있는 시대가 되었다. 병원 진료나 입원 데이터는 물론 혈압, 혈당, 운동량, 식습관 같은 스몰데이터와 연결된 빅데이터로 건강을 효과적으로 관리할 수 있다.

빅데이터와 맞물린 스몰데이터는 개인의 사소한 정보라고 보면 된다. 생활에서의 개인 취향이나 건강에 대한 관심, 아름답게 꾸미는 예술적 감각, 자기만의 삶의 유형 등 모두가 스몰데이터에 해당된다. 개인의 사소한 스몰데이터를 분석하면 개개인의 관심 분야와 아이디어를 알 수 있고, 이러한 정보를 기업의 전략이나 마케팅 기획에 반영하고 활용할 수 있다.

2015년 구글에서 공개한 머신러닝 '텐서플로'는 이미지 분석으로 질병을 진단했다. 텐서플로의 영상검사는 아주 미세한 부분까지 찾아내 분석할 수 있는 것으로 전해졌다. 질병 치료와 새로운 약 개발, 건강 관리에 활용되는 머닝러신이 가장 먼저 시도된 분야는 당뇨성 망막 변증 진단이다. 망막을 찍은 사진으로 당뇨 합병증을 진단하고 그 유형을 읽어 약으로 관리할 수 있음을 알아냈다. 2016년에는 훈련받은 일반인이 진단하는 수준이었지만, 현재는 전문의 수준으로 진단할 만큼 정확도가 높아져서 인도와 태국을 비롯한 동남아시아 국가의 의료 현장에서 활용되고 있다. 구글은 폐암과 유방암의 림프절 전이 진단에 기술을 확대하고 있다. 의사들의 전문성과 데이터가 충분히 학습되면 정확성이 높아져서 빠른 진단과 조기 치료를 할 수 있다고 내다보았다.

머신러닝 기술은 치료제 개발에도 활용된다. 약의 효과를 높이기 위해 여러 가지 약물을 섞는 칵테일 치료는 계속해서 연구되는 분야이다. 미국 미시간대학의 연구팀이 개발한 '인디고'는 결핵 환자의 상황에 따라 약물을 적절하게 섞어 치료의 효과를 높이는 방법을 찾아냈다. 사용된 약의 양은 적지만 치료 효과는 컸다는 데 의의가 있다.

미래 기술과 빅데이터

드론은 사람이 타지 않고 무선전파 유도에 의해 비행하는 비행체이다. TV 프로그램이나 영화를 보면 높은 하늘에서 내려다보는 화면이 자주 등장하는데, 바로 드론을 이용해 촬영한 장면이다. 건설 현장의 근로자와 설계자가 현장을 조사할 때 드론을 사용해 정보를 수집하고 현장과 현장상태를 확인하기도 한다. 특히 지붕의 누수와 습기를 체크하는 장비나 열화상 카메라를 탑재해 촬영할 수 있기 때문에 산업 전반에 유용하게 쓰인다.

3D 프린팅은 3차원 입체 공간에서 종이를 인쇄하듯 실제 사물을 인쇄하는 기술이다. 생활용품, 스포츠 용품, 다양한 문화와 결합하기도 하고 보석류, 완구류, 의류와 엔터테인먼트 산업과 기술 난이도가 높은 자동차, 항공과 우주, 방위산업, 의료기기, 나노과학 등 여러 분야에서 제품 개발에 활용되고 있다. 영국 케임브리지대학에서는 2017년 3월에 3D 프린터로 인쇄한 쥐의 골격과 줄기세포를 합성해 배아를 만드는 데 성공했다. 3D 프린팅은 언제 어디서든 누구나 쉽게 저렴한 가격으로 필요한 물건을 만들어낼 수 있는 장점이 있다.

자율주행은 운전자가 개입하지 않고 지능형 운전자 보조 시스템을 기반으로, 원하는 목적지까지 주행하는 기술이다. 전 세계 자동차 업계는 자율주행 자동차 개발 경쟁으로 뜨겁다. 기존의 자동차 제조회사는 물론 구글과 애플도 자율주행 자동차 개발에 뛰어들었다. 구글은 2014년 12월 자율주행자동차 신제품을 공개했다. 실제로 달릴 수 있고 3D 카메라 기능으로 도로 상황을 실시간으로 파악하도록 설계되었다.

자율주행 자동차는 세상을 어떻게 바꿀까? 도시에서는 사람들이 자동차를 소유하지 않을지도 모른다. 왜냐하면 스마트폰을 조작해 1분 안에 자율주행 자동차가 나타나 목적지까지 데려다줄 것이기 때문이다. 트럭이나 택시 운전사 등의 직업은 사라질 것이며, 도시 밖으로 나가 주차하여 주차장으로 활용되던 땅은 새롭게 활용될 것으로 전망한다. 또한 사람이 직접 주차하지 않아도 되고 운전으로 소비하는 시간을 다른 시간으로 쓸 수 있는 효과를 누릴 수 있다. 속도위반이나 불법주차, 음주운전으로 사망하는 사고도 줄일 수 있다. 머신러닝 기술로 운전 기술을 학습한 자율주행 자동차는 질서를 지키며 안전하게 운행하고 고속도로 수용능력도 크게 증가할 것으로 예상한다.

자율주행 자동차를 개발하는 직업은 무엇일까? 기본적으로 컴퓨터공학과 소프트웨어와 관련이 있고, 인공지능 기술과 밀접한 관계가 있다. 그 이유는 빅데이터를 인공지능을 활용해 분석하고, 머신러닝을 통해 학습해 기계와 사물에 연결시키기 때문이다.

인체가 곧 열쇠, 모바일 생체보안 기술

모바일 생체보안 기술(Bio-Security)은 사람의 신체를 보안 기술에 활용하는 것으로, 지문인식이 가장 대표적이다.

과거에도 잉크를 손가락에 묻혀 종이에 찍어서 지문을 등록하는 시스템을 활용했다. 지금은 스마트폰 지문인식 기능이 더욱 활발하게 이루어지고 있으며, 비밀번호나 패턴 인증으로 대체되고 있다. 또한 핀테크 기술과 접목되어 스마트폰 간편결제나 모바일 뱅킹까지 확대되었다.

금융 분야에서는 생체인식 기술을 활용해 ATM, 모바일 뱅킹, 증권거래, 전자상거래, 지불과 결제가 가능해졌다. 보안 분야에서는 시스템과 데이터 접근, 인증제어, 생체 로그인, 스마트 기기 사용자 인증을 활용하고 있다. 공항에서는 출입국 심사, 기업에서는 외부자 출입통제, 근로자 근태 관리에 활용한다. 의료복지 분야에서는 환자의 신분확인과 환자 기록관리에 활용하고, 과거에는 불가능했던 원격진료가 가능해졌다. 공공기관과 정부에서는 범죄자 식별, 전자주민증을 활용한 민원처리에 활용하고 있다.

생체인식 기술은 왜 주목받을까? 공인인증서, 보안카드,

패스워드, SMS 인증과 달리 정보유출과 분실 위험이 적은 반면, 보안성이 높고 사용이 편리하기 때문이다. 하지만 100% 안전한 보안은 없으며, 생체인식도 마찬가지이다.

생체인식은 두 가지 위험요소가 있다. 첫째는 생체정보가 디지털화되어 자신의 정보를 판별하는 수단으로 악용될 가능성이 있다. 생체인식 기술이 확대되면서 더 큰 보안을 요구하는 시대가 되었기 때문이다. 둘째는 인증수단에 대한 위협이다. 지불 결제와 스마트폰 본인인증 수단으로 야근수당을 타기 위해 공무원이 실리콘 손가락을 사용한 일이 있었다. 이처럼 모든 정보에 접근하는 방법이 생체인식으로만 가능하다면, 정보를 빼내기 위해 피해자를 노리는 강력범죄가 발생할 가능성도 있다.

생체인식을 안전하게 활용하려면 생체인식과 추가인증 수단을 활용해야 한다. 현재는 지문인식과 홍채인식, 안면인식이 활용되고 있는데, 구글은 두개골을 활용한 생체인식 기술을 연구하고 있다고 한다.

다중 생체인식 기술을 활용한 인증 방법도 있다. 예를 들어, 비밀번호 대신 사용자의 행동유형을 분석한 본인인증이 그것이다. 문자를 입력할 때 손가락의 움직임, 얼굴 생김새나 걸음걸이, 목소리의 높고 낮음이나 말하는 속도 같은 개인 고유 특성을 분석해 신뢰지수로 바꾸어 기준 점수

이상이면 인증을 허용하는 방식이다. 여러 요소를 사용하
는 만큼 보안이 강력하다.

미래 빅데이터
전문가의 역할

끊임없이 변화하는 일상

세상은 새로운 기술로 인해 어떻게 변하고 있을까? 학교 교실에서는 칠판과 종이 교과서가 전자칠판과 온라인 교과서로 대체되고 있다. 자동차 수리점은 단순히 자동차에 생긴 문제를 수리하는 곳에서, 앞으로 발생할 수 있는 문제를 예측하고 미리 정비하여 사고를 방지하도록 자동차를 관리하는 곳으로 그 성격이 바뀌고 있다. 오토바이나 자전거 헬멧 등에 부착해 블랙박스 역할을 하는 바디캠(Body Camera)은 경찰관의 몸에 부착해서 상황을 빠르게 파악해 강력범죄를 막거나 범죄자를 제압하는 데 활용하기도 한다. DNA 식별, 드론, 적외선 스캐너 등 다양한 기술이 도입되어 치안 유지와 범죄 방지 기법도 발전했다.

인간과 함께 사는 동물에 대한 과학 기반 홈페이지 '애니멀 스마트'의 자료에 따르면, 1940년에는 1명의 농부가 29명이 먹을 수 있는 농작물을 생산할 수 있었는데, 현재는 기술 발전으로 1명의 농부가 155명이 먹을 농작물을 생산할 수 있게 되었다고 한다. 쟁기·트랙터·비료는 농업을 발전시켰고, 드론·로봇·센서·GPS·데이터 분석 기술은 농업에 혁명을 불러일으켰다. 농업 소프트웨어 분석 기업 '아글리틱스'의 CEO 제리 존슨의 설명에 따르면 농업은 다른 산업보다 사용할 수 있는 데이터가 많다고 한다. 예를 들어 트랙터가 밭에 나가기만 하면 데이터를 수집하고 분석할 수 있다는 것이다.

지난 140년 동안 기술은 노동의 모습을 바꾸어놓았다. 그런데 기술로 없어지는 일자리보다 창출되는 일자리가 더 많다고 한다. 기술은 지루하고 단조로운 일에서 사람을 해방시켜 창의성을 발휘하도록 도움을 주었다. 잉글랜드와 웨일즈의 인구조사 통계에 의하면 1901년 세탁업무에 종사하는 사람은 약 20만 명이었다고 한다. 2011년까지 인구가 2배 이상 증가했으나 세탁업을 하는 사람은 3만 5천여 명에 불과했다. 배관과 전기, 가정용 세탁기 같은 기술 덕분에 세탁의 수요가 대규모로 줄었기 때문이다.

이렇듯 창의성을 마음껏 발휘하면 지루한 업무에서 벗어

날 수 있다. 과거에는 존재하지 않던 미래의 직업에서 가능성을 찾는 일이야말로 획기적인 변화이다.

달라진 세상, 언택트 시대

코로나19의 발생으로 전염을 피하기 위해 사람과 사람이 접촉하지 않는 언택트 시대를 살아가면서 사회의 변화 속도는 더 빨라졌고 삶의 모습도 달라졌다. 각 분야의 빅데이터 전문가들이 코로나19로 변화되거나 변화가 예상되는 삶의 데이터를 모으고 해결 방안을 마련하기 위해 노력하고 있는데 그 내용은 다음과 같다.

첫 번째는 원격의료와 화상회의이다.

언택트는 '접촉을 하지 않는다'는 뜻으로, 차단이나 고립을 뜻하는 것은 아니다. 오프라인 실제 공간에서 접촉은 줄이고, 가상공간의 접촉을 확대시켜 소통을 강화하고 다양화하는 방식을 말한다. 온라인은 오프라인에 비해 공간과 시간의 제약을 덜 받기 때문에 코로나 시대의 최대 관심은 언택트를 넘어 온택트(Online + Contact), 즉 진화된 거리두기에 있다.

원격의료는 코로나 사태에서 폭증한 의료수요를 감당할 하나의 대안으로 지목되었다. 의료기관의 원격진료는 원칙적으로 금지되어 있지만, 한국 정부는 코로나 사태 동안 허용하기로 했다. 따라서 코로나19 대량 확진으로 병실 부족 문제와 자가 격리 중인 확진자나 코로나19 외에 질병을 겪으면서도 병원에서 진료를 받지 못하는 환자들이 검진과 진료를 받을 수 있다.

화상회의와 면접도 앞으로 다가올 사회에서 일상이 될 가능성이 크다. 코로나 사태 속에서 국제 방역공조를 위한 긴급 G20 정상회의와 정부와 지방자치단체장 연석회의, 기업은 재택근무에 의한 화상회의, 신입사원 채용을 위한 화상면접까지 모든 것이 비대면으로 이루어지고 있다.

두 번째는 상품 판매와 마케팅이다.

유통업계에서는 온라인 구매가 기존보다 더욱 확대되고 있다. 코로나 사태 이후 온라인 시장의 성장이 확연하게 높아졌고, 이를 계기로 매출 분위기는 이대로 자리가 잡힐 것으로 전망한다. 2020년 3월 온라인 유통 매출 점유율은 50%를 차지했다. 산업통상자원부가 발표한 유통업계별 매출구성비를 보면 대형마트 17.9%, 백화점 11.2%, 편의점 16.2%, SSM(기업형 슈퍼마켓) 4.6%이다. 오프라인 유통업계 매출을 모두 합쳐도 온라인 유통업계와 비슷한 수치이다. 2019년 3월에는 대형마트 20.1%, 백화점 18.2%, 편의점은 16.1%, SSM 4.2%로, 온라인 유통 비중이 41.3%에 불과했다. 자료를 보면 달라진 경향을 확실하게 알 수 있다.

온택트 사업 성장은 코로나19 이전부터 예견되어 있었다. 따라서 새롭게 생겨난 것이 아니라 점차 다가올 미래가 코로나 사태로 앞당겨진 것이다.

비대면 시스템이 확장된 업계는 금융계가 대표적이다. 기존의 스마트뱅킹 이외에도 은행에 갈 필요가 없는 카카오뱅크 등의 금융 서비스로 스마트한 업무 처리가 가능하기 때문이다. 온라인 소통은 쉽고 편리하며 양방향 소통이 가능한 것이 장점이다. 판매자와 구매자, 파트너와 파트너가 활발하게 피드백을 주고받을 수 있다는 점도 장점 중에 하나이다. 그러므로 각 업계는 판매와 마케팅과 협력사를 끌어오고 사회에 미치는 영향까지 온라인 기반을 적극적으로 활용하고 있다.

CJ제일제당의 경우, 유튜브 온라인 채널을 활용하여 햇반잡곡밥을 홍보했다. 이를 통해 정보를 전달하고 맞춤형 식단을 공유했는데, 직간접 체험으로 매출이 60% 이상 성장률을 보였다. '올리브영'에서는 2020년 4월 중소기업 지원 품평회 '즐거운 동행'을 온라인으로 진행했다. 매년 해온 행사지만 가장 많은 500여 개의 기업이 참여해 성황리에 마쳤다. 화상회의 시스템으로 일대일 판로 연계 상담을 실시했고, 최종 선발된 작품은 하반기 시범운영을 거쳐 올리브영 주요 매장과 공식 온라인몰에 입점했다.

LG생활건강은 유튜브 실시간 방송으로 중학교를 찾아가는 '빌려쓰는 지구스쿨' 라이브 클래스를 선보였다. 업계 최초 온라인 기반으로 수준 높은 사회공헌활동이라고 밝혔다. 이번 온라인 프로그램 설계에 참여한 임유진 서울과학기술대학 초빙교수는 실시간 온라인 협력 학습은 쌍방향 소통의 장점을 최대한 살린 교수 학습법으로 오프라인 수업에서 경험할 수 없는 학습자와의 친밀감과 긍정적인 피드백을 공유하는 상호작용 학습이 매우 색다른 경험이었을 것이라고 전했다.

제4차 산업혁명 시대, 높은 실업률에 대비하라

코로나 시대에 떠오른 비대면 시장에서 주도권을 잡기 위한 업계 경쟁이 더욱 치열해지고 있다. 최근 사람과 사람의 대면을 최소화하는 소통의 필요성이 높아지면서 새로운 라이프 스타일이 등장했다. 온라인을 활용한 다양한 볼거리와 경험 콘텐츠를 마련하며 브랜드의 직간접 체험을 제공하는 기업이 늘어나고 있다.

그러나 비대면 시장 확대가 장기화될 경우 노동자와 구직자에게는 독이 될 수 있다. 왜냐하면 생산-판매-마케팅 모든 분야에서 대체기술이 일상화되면 노동자의 일자리가 줄어들 수 있기 때문이다. 온택트 시장을 중심으로 제4차 산업을 키우고 활성화하여 대량 실업 상태를 막거나 대비해야 한다. 미래사회에서 인공지능이 인간의 노동력을 대체하면 비대면 서비스 확대로 일자리는 점차 줄어들어 전체적인 구매력은 감소하고 생산량은 유지되거나 남아서 대공황 상태가 될 수도 있기 때문이다.

제4차 산업혁명 시대의 미래에 사라질 가능성이 높은 고위험 직업과 계속 남아 있을 저위험 직업은 무엇일까? 기존에는 유망하다고 인식되던 직업도 기술 발전으로 인해 고위험 직업군에 속하게 되기도 했다. 아래 표를 잘 살펴보고 자신의 미래 모습을 그리는 데 참고해보자.

고위험 직업군	저위험 직업군
텔레마케터	정신 건강 및 약물남용치료 사회복지사
세무대리인	안무가
보험조정인	내과, 외과 의사
스포츠 심판	HR매니저
레스토랑, 카페 직원	컴퓨터 시스템 분석가
부동산업자(부동산중개업자)	인류학자, 고고학자
외국인 노동자, 농장 근로자	선박기관사, 조선기사
비서직(법률, 의학, 경영 임원의 비서 제외)	세일즈매니저
배달직	전문 경영인

빅데이터 전문가의
직업 전망

빅데이터 전문가의 전망

빅데이터 전문가는 금융, 유통, 영업, 마케팅, 제품개발, 사업, 주식, 의료, 복지, 서비스 분야 등 사회 전체 영역에서 활약하고 있으며, 앞으로도 많은 사람과 기업이 필요로 하는 직업으로 전망된다. 필요 없는 지출을 막거나 좋은 인재를 적합한 곳에서 일하도록 하는 등 기업 경쟁력을 높이려면 빅데이터 분석이 필요하다. 미래 제4차 산업 핵심기술의 열쇠는 빅데이터이며, 빅데이터 전문가가 활약할 수 있는 시대가 오고 있다.

빅데이터 전문가가 되려면 먼저 IT 관련한 실력을 갖추어야 한다. 앞서 다룬 빅데이터 전문가에게 필요한 여러 컴퓨터 언어와 프로그램은 다양한 형태로 접목시켜 사용된다. 자바 프로그래밍 언어를 통해서 기본적인 웹페이지 개발이 가능한 실력을 갖추고 서버를 마련해야 저장된 데이터를 처리할 수 있다. 통계 프로그램까지 다룰 수 있으려면 하둡 프로그래밍과 R 프로그래밍을 익혀야 전문적인 빅데이터 분석을 준비할 수 있다. 하둡 프로그래밍은 앞에서도 말했지만 빅데이터 전문가들이나 빅데이터 업계 사람들이 사용하는 데이터 분산장치이다. 원하는 형식의 자료를 수집하고 분류한 뒤에 의미 있는 자료만 저장할 수 있도록 코드를 짜는 것인데 이 모든 일을 한 번에 처리하는 프로그램이다.

하둡 프로그래밍의 코드를 작성하기 위해서는 자바 프로그래밍 공부를 집중적으로 해야 한다. 경우에 따라서는 C 언어를 통해 코드의 전반적인 틀을 생각할 수 있도록 훈련을 받기도 한다. 하둡 프로그래밍은 복잡한 프로그래밍 과정이고 전문적인 영역이기 때문에 제대로 배우는 게 좋다. 분류하고 정리한 파일을 R 프로그래밍을 통해 우리가 눈으로 볼 수 있는 그래프로 만들 수 있다.

전문성을 높이려면 자격증은 필수이다. 현대인들은 인터넷을 통해 다양한 소식과 정보를 확인하고 공유하는 시대에 살고 있다. 인터넷 속에는 방대한 정보와 데이터가 매일 생산되어 빅데이터가 존재한다. 이 빅데이터는 미래 경쟁력을 좌우하는 자원으로 활용할 수 있어 중요하다. 구글은 독감과 관련된 검색어가 반복되는 것을 분석하여 독감 환자 수와 유행 지역을 예측하는 '독감 동향 서비스'를 개발했고 생활에 활용하고 있다. 이와 같이 기업과 사회 여러 분야에서 미래를 예측하고 효과적인 전략을 세우는 도구로 빅데이터를 사용하며 그 역할이 더 커지고 있으므로 정보통신 분야에서는 빅데이터가 가장 유망 분야로 꼽힌다.

빅데이터전문가 1급 자격증을 따면 이력서에 정식으로 적을 수 있고 취업할 때 유리하게 적용될 수 있다. 많은 사람들이 전문성을 높이기 위해 자격증을 따려고 도전한다. 빅데이터의 기본이 되는 R 프로그램 공부와 함께 데이터의 구분과 빅데이터 생성과 이론을 공부하면 된다. 데이터 프레임 생성과 활용 같은 실제 업무 능력도 키워야 한다.

빅데이터 전문가 연봉은 어느 정도일까?

빅데이터 전문가는 디지털 환경에서 생성되는 다양한 문자와 수치, 데이터 등을 분석하고 결과를 이끌어 내어 실제 업무에 적용하여 사람들의 행동 유형과 시장 상황을 주로 예측한다. 데이터 속에 포함된 방향이나 심리를 꺼내어 새로운 이익을 만들어내기 위해 빅데이터를 관리하고 분석하기도 한다. 취업은 대기업의 빅데이터 관리팀이나 마케팅

팀 혹은 인터넷 포털사이트, 데이터 분석 전문 업체를 비롯해 IT 업체, 정부기관 등 다양하다.

빅데이터 전문가는 미래의 전망 있는 직업을 조사할 때 거의 항상 10위 안에 든다. IT 분야 전문가 연봉 중에서 상위권이다. 그러나 연봉은 회사마다 다르고 본인의 실무 능력에 따라 연봉이 정해지기 때문에 정확하게 말할 수는 없지만, 초봉이 평균 3,400만 원 정도로 알려졌고 더 높은 곳은 4천만 원 정도로 다른 직업에 비해 높은 편이다.

미국의 경우 빅데이터 과학자의 초봉은 2014년 기준으로 평균 연 10만 달러(약 1억 원)이고 중간 관리자는 평균 연봉이 14만 달러 정도이니 해외 취업을 겨냥하는 것도 방법이다. 하지만 자신의 연봉을 높이려면 실무 경력을 높이는 것도 중요하다. 기업은 실력을 증명할 수 있는 포트폴리오와 프로젝트에 초점을 맞추어 직원을 채용하고 있다.

공공데이터로 앞서가는 산업

한국데이터산업진흥원은 데이터 전문기관으로 데이터 산업 성장과 데이터의 사회적 활용을 지원하여 경제와 사회혁신에 기여하는 것을 목적으로 하는 공공기관이다. 데이터 거래와 유통, 전문 인력을 키우는 데 집중해 산업 분야 전반에 빅데이터가 활용될 수 있도록 지원하고 있다. 한국 정부는 IT 강국을 넘어 인공지능 강국이 되겠다고 선언했는데, 데이터 경제 활성화가 무엇보다 중요하다. 데이터 산업이 발전하려면 데이터 활용에 대한 국민의 인식도 바뀌어야 한다. 정부와 기업과 국민이 힘을 모아 데이터 경제 시대를 함께 열어야 한다.

데이터 바우처 지원사업은 기업의 비즈니스에 필요한 데이터를 구매하거나 가공(일반가공, AI 가공)하는 비용을 한국데이터산업진흥원에서 지원하는 사업 중에 하나이다. 데이터를 비즈니스에 활용하고 싶은 많은 기업이 있지만 데이터를 구매할 비용이 없거나 데이터를 가공할 전문 인력이 없는 곳이 대부분이다. 이러한 기업들이 데이터 바우처를 통해 사업을 새롭게 바꾸고 데이터 활용의 중요성을 확인할 수 있다.

데이터 바우처는 IT 기업뿐만 아니라 금융업, 제조업, 외식업 등 다양한 분야에 지원된다. 아기 울음소리 원인을 인공지능으로 분석해 부모들의 육아를 돕는 혁신적인 서비스가 만들어졌고, 시간별 유동 인구, 카드매출액 등 상권 데이터 분석을 활용하여 외식업체 매출이 올라가는 등 사업 경쟁력을 높이는 다양한 일이 벌어졌다. 또 데이터의 AI 가공을 통해 인공지능으로 가축의 건강 상태를 실시간으로 체크하고 예방 조치하는 기술을 완성하여 동물 전염병 같은 심각한 사회문제를 해결하는 기업도 있다. 말레이시아에 기술 수출을 열었다는 소식도 있어 한국을 넘어 해외까지 데이터 사업 성공을 증명하고 있다.

한국 데이터 산업의 현재 수준과 전망은?

SF 영화에나 등장하던 무인자동차는 이제 현실이 되고 있다. 무인자동차는 자율주행 기술이 가능해야 하므로 사물이 실시간으로 거대한 데이터를 전송하여 분석하고 처리하여 움직임을 결정할 수 있어야 한다. 자율주행 기술은 자동차 산업의 성장은 물론 이동하는 사람의 편리함에 큰 영향을 주기 때문에 미래를 밝게 전망하고 있다. 이렇듯 데이터를 통해 새로운 사업이 생겨나고 사회가 변화하며 발전하는 것이 데이터를 통해 꿈꾸는 새로운 가치이다.

2019년 기준으로 데이터 사업 시장의 규모는 약 16조 8천억 원 수준이다. 연평균 성장률 8.4%의 높은 성장을 보이지만 미국과 중국의 데이터 분야 주요 선진국에 비하면 한국의 데이터 시장은 초기 단계라 할 수 있는데, 이는 아직 산업 전체에 데이터 활용이 활성화되지 않았기 때문이다. 2023년에는 한국 데이터 시장이 30조 원 규모로 성장할 것으로 전망한다. 현재는 개인의 금융정보와 가치 있는 정형 데이터가 대규모로 쌓인 금융 분야의 마이데이터 서비스가 뛰어나게 좋아 개인 맞춤형 재무 설계, 상품추천 서비스 등 새로운 데이터 서비스가 등장하여 금융 산업의 새로운 바람이 불고 있다. 앞으로 마이데이터 서비스가 에너지와 교육 같은 국민생활과 밀접한 분야에서 일반적으로 사용된다면 데이터 산업 시장을 크게 키우게 될 것으로 전망한다. 마이데이터는 정부의 시범 사업으로, 금융기관·통신사·병원 등 개인정보를 제3의 업체에 전달하여 새로운 서비스를 받을 수 있도록 하고 있다.

신용정보 활용 가능한 빅데이터 시대

2016년 1월부터 시작된 신용정보원은 은행과 증권, 보험 5개 협회 신용정보가 통합되는 세계 최초의 종합신용정보 집중기관이다. 빅데이터 산업이 퍼지면서 신용정보원이 갖고 있는 금융 신용 데이터 활용이 높아져 신용정보원 내부에 금융빅데이터센터가 생겼다. 신용정보원은 금융사 정보를 집중해서 은행과 보험을 관리하는데, 데이터를 분석하고 활용하기 위한 업무를 담당하고 있다. 금융 빅데이터를 활용하기 위해서는 데이터가 있어야 하고, 데이터를 분석할 수 있는 능력이 있어야 하고, 분석 결과를 활용하여 사업에 적용하는 능력이 있어야 한다.

금융 대기업은 다른 산업보다 기존에 축적된 데이터가

많고 정형화되어 활용하기 좋은 데이터를 갖고 있으므로 빅데이터 활용에서 앞서나갈 것으로 보고 있다. 또 신용정보원이 지원하는 서비스를 이용하는 금융회사가 점점 많아지고 있다. 이 데이터를 분석해 신용모델을 만들어 서비스하겠다는 업체가 많으며 앞으로도 더 늘어날 것으로 전망된다.

직업을 통해
얻는 가치

미래를 변화시키는 빅데이터 전문가

빅데이터는 기존 데이터보다 더 거대한 크기이다. 이는 거대한 데이터를 관리하고 처리하는 도구로 수집하고 저장하며 분석이 어려운 비정형 데이터이다. 제대로 분석하지 않으면 쌓이기만 할 뿐 아무런 의미가 없다. 빅데이터 기술이 나타나 이제는 우리 일상생활부터 여러 산업과 기술에 적용되며 앞으로 더욱 발전할 것으로 전망된다.

빅데이터 전문가, 빅데이터 분석가, 데이터 과학자 등 빅데이터 관련 직업을 가진 사람을 부르는 이름은 조금씩 다르지만, 데이터를 기반으로 분석하고 통계를 내고 수치로 환산해 새로운 가치를 만들어낸다는 점은 같다. 빅데이터를 다루며 확실한 근거를 가지고 미래를 예측하는 일이다.

빅데이터를 통해서 의미 있는 자료를 찾아내고 사람들의 행동 유형이나 시장경제 변화를 분석한다. 어떤 분야든지 통계 결과로 미래를 예측할 수 있다. 이같은 이유로 빅데이터 전문가는 미래 유망 직종을 손꼽히고 있다.

빅데이터 전문가는 어떤 분야에서든지 거대한 데이터에서 의미 있는 정보를 찾아내야 하므로 부지런하고 통계에 관심이 많아야 한다. 또한 다양한 데이터 중에서 가치 있는 데이터를 모아 필요한 분야에 효율적으로 활용할 수 있어야 한다. 예를 들면 날씨나 꽃이 피는 시기를 예측하는 것과 비슷하다. 국민투표를 할 때 당선 가능성이 높은 후보를 예측하는 것 또한 수많은 데이터를 모아 분석하고 예측하여 얻는 결과이다.

직업 특성상 수학과 통계가 밀접한 관련이 있어 수학과, 통계학과, 경영학과를 졸업한 학생들이 진로로 생각하는 분야이다. 전문 기술이 필요하므로 기업에서는 석사 학위 이상의 학력을 갖춘 사람을 채용하려고 하는 경향이 있다.

가상 인터뷰! 산림청장을 만나다!

제4차 산업혁명 기술을 가장 빨리 적용하는 분야는 산림이다. 특히 산불이 났을 때 생명과 안전에 우선순위가 있어 불을 끄기 위해 새로운 기술을 도입하는 것은 필수이기 때문이다. 인간의 노동력에 집중된 산림 분야의 약점을 극복하려면 제4차 산업혁명 기술을 적극 활용하여 새로운 가치를 창출해야 하므로 경쟁력을 강화시켜야 한다. 이때 빅데이터를 사물인터넷과 인공지능에 접목하여 연구하고 개발하는 전문교육을 더 확대하여 전문가를 키우고자 하는 것이 산림청의 목표이다.

산림청장과의 가상 인터뷰를 통해 산림청에서 제4차 산업혁명을 어떻게 접목할 것인지 알아보자.

Q. 산림청은 제4차 산업혁명 시대의 기술을 도입하기 위해 어떤 노력을 기울이고 있나요?

A. 산림재해를 관리하고 산림자원정보를 마련하며 산림자원을 키우는 것과 임업기계나 산림작업 분야에 필요한 모든 데이터를 수집하고 분석하는 일이 필요합니다. 그러기 위해서는 인공지능을 기반으로 과학적인 산림경영을 위해 빅데이터를 마련해야겠지요. 인공지능을 실제로 이루기 위해 산림경영활동과 현장조사 정보에 대한 빅데이터를 마련하는 일을 추진하고 있습니다.

Q. 산불 진화에 활용되는 드론 같은 첨단기술을 활용하는 범위는 어느 정도일까요?

A. 동해안에 드론 산불감시단을 집중하여 운영하고 있는데 산악 기상망을 활용하여 산불 확산을 예측합니다. 산불이 나면 적외선을 이용한 스마트 CCTV, 불꽃과 연기와 열의 움직임을 감시하는 센서를 사용하여 근처 마을에 알릴 수 있는 실시간 재난 안내방송을 도입했어요.

드론은 헬기가 활동할 수 없는 야간에 산불이 났을 때나 야간에 불을 꺼야 하는 상황에 열화상 카메라를 장착하여 활용합니다. 또 사람이나 헬기의 접근이 어려운 현장에서 드론을 이용하여 소화탄을 싣고 불을 끄는 방법을 개발하고 있어요.

Q. 2030 스마트산림 전략을 추진하신다고 들었는데, 어떤 내용인가요?

A. 산림청이 추진하는 2030 스마트산림 추진전략은 빅데이터, 인공지능, 로봇, 드론 같은 제4차 산업혁명 시대 첨단기술을 산림 분야 전체에 활용하는 계획입니다. 인간의 노동력으로 집중되었던 산림사업의 약점을 극복하려는 것이지요. 기후변화로 산사태나 소나무를 말라죽게 하는 벌레떼 같은 산림재해를 예방하는 것도 중요합니다. 우리나라는 63% 이상이 산림입니다. 앞으로 산림산업 분야는 제4차 산업혁명 영향으로 최첨단 기술을 필요에 따라 활용하고 개발할 것입니다.

Q. 농림위성 개발과 기대 효과는 어떤 것입니까?

A. 농림위성은 세계에서 유일한 120km의 넓은 관측폭을 가지고 있어 북한을 포함한 한반도 전체를 3일 이내에 촬영할 수 있습니다. 다섯 개 채널이 있어 임상과 식물 집단의 변화까지 3일 주기로 시간의 흐름에 따라 관측하여 분석할 수 있습니다. 또한 위성영상과 항공사진, 드론 영상을 통해 현장 방문이 어려운 지역을 주기적으로 감시할 수도

있지요. 위성과 드론 같은 원격탐사 기반으로 과학적 관리 체계 업무가 가능하게 되는 것입니다. 국민에게는 꽃이 피는 시기나 단풍 현황, 테마 산행 정보, 꽃가루 알레르기 주의 지역, 산림 내 미세먼지 정보 등을 제공할 수 있습니다.